U0937247

教育部人文社会科学项目“转型期中国社会发展动力机制研究”（13YJC710014）、河南省哲学社会科学规划项目“我国全面深化改革的动力研究”（2014CKS004）的阶段性成果

河南省高等学校科技创新人才（人文社科类）支持计划项目（2016-cx-014），河南省高等学校青年骨干教师资助计划项目（2015GGJS-135）、新乡医学院人文社会科学研究培育基地项目资助

中国权力结构转型的哲学研究

焦石文 著

中国社会科学出版社

图书在版编目(CIP)数据

中国权力结构转型的哲学研究/焦石文著.—北京：中国社会科学出版社，2015.12

ISBN 978-7-5161-7464-7

Ⅰ.①中… Ⅱ.①焦… Ⅲ.①权力结构—研究—中国 Ⅳ.①D62

中国版本图书馆CIP数据核字(2015)第312041号

出 版 人 赵剑英
责任编辑 王 琪
责任校对 卢秀波
责任印制 王 超

出　　版 中国社会科学出版社
社　　址 北京鼓楼西大街甲158号
邮　　编 100720
网　　址 http://www.csspw.cn
发 行 部 010-84083685
门 市 部 010-84029450
经　　销 新华书店及其他书店

印　　刷 北京君升印刷有限公司
装　　订 廊坊市广阳区广增装订厂
版　　次 2015年12月第1版
印　　次 2015年12月第1次印刷

开　　本 710×1000 1/16
印　　张 13
插　　页 2
字　　数 198千字
定　　价 48.00元

凡购买中国社会科学出版社图书，如有质量问题请与本社营销中心联系调换
电话：010-84083683

序

思想是时代的声音，每一时代都会产生它特有的问题，这些问题正是对时代特征和社会现实的反映，立足时代和现实研究问题，就成为学术研究的基本思路。中国正处在走向现代化的社会主义初级阶段，在这一时期，马克思主义哲学研究者的首要任务，就是从重大社会现实问题入手，建构适应现实生活并能引导时代潮流的哲学理论。当代中国面临的一个突出问题，就是政治领域内的权力集中问题，因而权力问题就成为近年来马克思主义政治哲学研究的热点。学界关于权力问题的成果并不少见，但是，从结构转型的角度研究权力问题的成果还不够丰富。尤其是对中国传统权力结构的梳理、现有权力结构的问题及发展趋势等的研究，还有待继续深入。本书从政治哲学的角度研究中国权力结构的转型，较为完整地阐述了中国传统权力结构的形成基础、基本特征、历史演变和作用，在此基础上提出了解决“中国问题”的具体思路，就是改造传统的权力结构，构建新型权力结构，具有一定的学理价值。

历史唯物主义为我们考察社会历史问题提供了方法论，这就是要善于从社会结构出发来分析社会历史发展状况。中国传统的权力结构是以政治领域的力量为主，而经济力量和社会力量较小，这种权力结构对中国历史发展影响巨大。首先，它对中国社会历史发展具有积极的推动作用，有其存在的历史必然性和历史合理性。这主要体现在如果决策正确，它可以组织动员国家一切社会资源和力量“办大事”。其次，它对中国社会历史发展也具有负面影响。总体来讲，就是权力至上有余而能力建设不足，自上而下有余而自下而上不足，逐级管制有余而公共服务不足，人治有余而法治不足，这实际上就是我们常说的“体制性弊端”。正因如此，它不仅会产生种种“不良作风”和“腐败现象”，也无法应对日趋凸显的复杂社会问题。可以看出，政府主导体制已难以完全破解这些难题，需要对其进行改革，并寻求新的路径。十八届三中全会的主题是全面深化改革，把改革的总目标确定为“完善和发展中国特色社会主义制度，推进国家治理体系和治理能力现代化”。确定这一总目标，是基于当今我们的社会存在所发生的变化，而且也是克服政府主导体制之弊端的一条新路径。本书提出从政府力量、市场经济、社会组织相互协调、相互促进、相辅相成的功能要求上进行权力结构调整，从而使合力最大化，这一解决思路有一定的现实意义。

总的来看，本书的价值主要体现在三个方面：

一是学术方面。注重马克思主义哲学的现实性，突出了“问题意识”，丰富了政治哲学的研究内容。书中指出，我国在取得巨大成就的同时，还存在一些虽经长期努力但仍未有效解决的问题，原因就在于其背后的体制以及体制改革不到位。体制的深层是结构，许多问题归根结底是结构性问题。我们的体制改革之所以遇到某些阻力，在根本上与传统的权力结构及其权力运作体制有关。当前，我国改革显得动力不足，要深化改革，就必须重建权力结构，从理性上对改革作出顶层设计，使改革达到科学化水平。

二是应用价值。改革的进一步发展，需要新的动力，尤其是要在经济和社会领域寻找新的动力资源。就当前来看，传统权力结构已经无法为发展提供足够的动力。传统结构是以政治领域的力量为主，经济领域和社会领域的力量仅仅起被动的辅助作用。改革到了今天，市场力量和社会组织已成为影响社会发展的两个重要部分，对推动改革的进一步发展将起到重要作用。一方面，市场由被动逐步向自在自为转变，主体性越来越强；另一方面，随着社会组织民主力量的增长，对政府的监督力度和影响力在不断加大。在这两股力量的共同作用下，传统的单极权力结构开始向新的权力结构转型。习近平同志提出要协调推进全面建设小康社会、全面深化改革、全面依法治国、全面从严治党的施政方略。这一战略布局，是为了应对“改革越深入阻力越大”以及“发展起来之后的问题，不比不发展时少”的更多难题而提出。在当前背景下，要突破这种局面，就要从改革的突破口、路径、重点、操作性、社会心理、社会共识等方面进行设计，这种设计的本质就是重构权力结构，这些方面解决得好，既会形成改革的动力，也会建构良好的改革秩序，还会获得好的改革效果。

三是现实层面。深化改革既要利用内部力量，更要注重外部力量。相比“内部突破”，“外推”也是一种有效路径。就我国现状来看，“内部突破”需要掌权者具有推动改革的高度自觉和勇气。如果缺乏自觉和勇气，要么有些人在口头上高喊改革而行动上却抵制改革，要么借改革之名谋取个人私利，要么固守旧体制维护既得利益，这些情形在当代中国一定程度上都存在着。而“由外及内”路径，则意味着政治体制改革是从调整政治结构尤其是调整权力结构和规范权力运作方式入手的，这就是：基于市场经济、社会组织、公共服务型政府的三维框架，首先做大经济力量和社会力量，当这两种力量达到一定程度后形成合力，就会成为推动政治体制改革的外部力量。当然，这些都是在坚持中国共产党坚强领导的前提下进行的。

哲学的发展离不开争论，希望作者能在和学界同仁的商讨与交流中不断进步；哲学的自觉要求不能故步自封、一劳永逸，期望作者能把本书探索的终点作为哲学研究道路上的新起点。

韩庆祥

2015 年 11 月 2 日于中央党校

目　录

导　言

一　问题提出的时代背景与现实依据

思想是时代的声音，声音反映着时代的问题，现实是问题的发源地。每一时代都会产生它特有的问题，这些问题正是对时代特征和社会现实的反映。离开时代背景和现实依据，问题就成了无源之水、无本之木，对问题的探寻也就失去了意义。因此，立足时代和现实研究问题，就成为学术研究的基本思路。

（一）深化当代中国政治哲学研究的需要

20 世纪 70 年代以来，伴随着罗尔斯《正义论》的发表，西方学界掀起了政治哲学的研究热潮，并迅速波及国内理论界。随着近年来国内政治哲学研究的兴起，越来越多的学者开始对其进行关注，甚至有学者断言政治哲学已经在世界范围内成为一门显学。

政治哲学在当代的兴起，是对当今世界面临的重大社会、政治现实问题的一种热烈回应。20 世纪末以来，随着西方发达社会现代化进程的逐步深入，能源危机、环境污染、人口增长、政治腐败、社会不公、失业等一系列重大社会现实问题不断暴露出来。在这样的社会背景下，西方学界纷纷转向对这些政治、社会现实问题的研究，政治哲学研究在西方社会开始复兴。国内情况也与之类似，我国现代化建设起步较晚，但近年来，随着现代化进程的不断加快，我国也开始面临与西方发达国家同样的问题。并且，我国的情况更为复杂。我国经济社会发展正处于改革开放转折的关节点，即由经济增长向经济社会和人的全面发展转型，是改革开放发展转折的关键阶段。在这一转型期，政府职能尚未完全转变，计划经济因素与市场经济因素、人的依赖和物的依赖还同时存在。韩庆祥教授认为，"从中国社会的历史方位看，当代中国正处于社会转型期，主要是从传统身份社会向现代契约社会、从农业社会向工业社会、从封闭性社会向开放性社会、从计划经济向市场经济的社会变迁和转型"①，即"正处在从前现代向现代的转型过程中，虽然前现代性因素依然制约着我国现代化建设，但现代性因素已开始发挥积极作用"②。历史经验表明，每一社会的转型时期，矛盾都比较集中，同时也是矛盾的高发期。近年来，越来越多的学者开始关注中国政治、社会领域出现的重大现实问题，政治哲学研究在中国兴起也就成为一个必然趋势。

政治哲学在中国兴起的同时必然引发学者们对研究对象和方法的思考。简单地说，就是研究应该选择什么样的切入点，应该从现实问题入手还是从建构理论入手。对于这一问题，大部分学者的意见是趋向统一的，如韩庆祥教

---

① 韩庆祥：《时代变迁与哲学范式转换——从革命的哲学到建设的哲学》，《北方论丛》2007年第1期。

② 韩庆祥：《现代性的建构与当代中国发展》，《理论参考》2007年第10期。

授、王南湜教授及孙正聿教授等人都认为应该从社会中的重大现实问题切入，着手构建中国的政治哲学体系。但是，还有一小部分学者认为，哲学是一门高雅的学科，哲学的本质就应该是远离现实的独立思考，研究现实就是对哲学本性的背离。在笔者看来，这只是某些学者的个人理解，而不是我们这个时代所需要的马克思主义哲学。对这些认识，马克思早就提出了严厉的批评，他指出：青年黑格尔派的“哲学家没有一个想到要提出关于德国哲学和德国现实之间的联系问题，关于他们所作的批判和他们自身的物质环境之间的联系问题”①。国内的一些著名学者也对这些认识提出了批判，如韩庆祥教授将其总结为三种顾虑：“其一认为研究现实问题不是学术，不愿研究；其二怕研究现实问题触及政治，不敢研究；其三认为哲学解决不了现实问题，不必研究。”② 还有学者称之为“用所谓纯‘学术’的马克思主义来贬低和否定现实斗争中发生并在现实斗争中运用和发展的马克思主义。在马克思主义研究中一味地追求语言的个性化和思维的特异性，这就无异于要把马克思变成完全脱离实际而仅供少数哲学精英在书斋里作学院式探讨的纯学术偶像”③。

实际上，哲学不是世界之外的遐想，任何哲学研究都与研究者所处的社会生活状况密切相关，政治哲学的研究更是如此。“马克思开辟的哲学道路，是用哲学的方式面向现实人的生活世界的实践哲学，对现实人的生活世界缺

---

① 《马克思恩格斯全集》第3卷，人民出版社1960年版，第23页。

② 韩庆祥：《走向面对“中国问题”的马克思主义哲学》，《学术研究》2007年第8期。

③ 孙伯鍨、张一兵主编：《走进马克思》，江苏人民出版社2001年版，序言第2页。

乏批判性的反思会丧失哲学本性，而远离现实人的生活世界就会丧失马克思主义哲学的本性。我们这个时代所需要的马克思主义哲学，不是时代之外的遐想，而是时代精神的精华，是思想中的时代；它是现世的智慧，它要以哲学的方式理解现实人的生活世界。"[①] 哲学承载着思想，思想是时代的声音，思想必须反映时代面临的最迫切的问题，这是由哲学的批判特性所决定的。作为一种关于人类社会生活的理论，政治哲学的研究总是根源于现实社会生活，是现实社会生活中的重大问题引发了人们关于政治哲学的理论思考。马克思认为："一个时代所提出的问题，和任何在内容上是正当的因而也是合理的问题，有着共同的命运：主要的困难不是答案，而是问题。因此，真正的批判要分析的不是答案，而是问题。"[②] 就如同康德所说的那样："谁尝到了'批判'的甜头，谁就会永远讨厌一切教条主义的空话。"[③] 每个时代都有不同的特征，反映出来的问题也各不相同。问题就是时代的口号，是它表现自己精神状态的最实际的呼声。[④] 实际上，每一重大的社会问题都带有鲜明的时代烙印，这预示着不能抛开时代背景去孤立地看待问题，而应该到问题的发源地——现实中去挖掘。

哲学研究一旦离开了现实生活，脱离了时代和实践，也就失去了其赖以生存的环境，其研究成果必然无法满足大众的需求，是注定要被时代抛弃的。而"真正的哲学，

① 韩庆祥：《走向面对"中国问题"的马克思主义哲学》，《学术研究》2007年第8期。

② 《马克思恩格斯全集》第40卷，人民出版社1982年版，第289页。

③ ［德］康德：《未来形而上学导论》，庞景仁译，商务印书馆1978年版，第161页。

④ 参见《马克思恩格斯全集》第40卷，人民出版社1982年版，第289—290页。

决不能‘封闭一切价值通道’、‘中止所有是非判断’、‘从情感的零度开始’，而必须以炽热的社会自我意识的使命感去求索生活的‘意义’。真正的哲学，也决不仅仅是时代精神的‘反映和表达’、‘总结和概括’，更重要的是时代精神的‘反思和表征’、‘塑造和引导’。哲学以自己提出的新的问题、新的提问方式以及对新问题的新的求索，批判性地反思人类生活的时代意义，理论性地表征人类生活的矛盾与困惑、理想与选择，从而塑造和引导新的时代精神。这是哲学作为‘意义’的社会自我意识和时代精神的‘精华’的真义之所在，也是人类把握世界的全部方式中的不可或缺和不可替代的生活价值之所在”①。任何学科，都不应仅局限于对发现的问题做简单的描述，而哲学，更应该有自己特有的方式。就如黑格尔所言，哲学乃是一种特殊的思维方式，在这种方式中，思维成为知识，成为把握对象的概念式的认识。所以哲学思维无论与一般思维如何相同，还是本质上与一般思维同是一个思维，但总是与活动、与人类一切行为里的思维，与使人类的一切活动具有人性的思维有了区别。② 哲学的本质就是在从现实中发现问题的同时，还要批判性地反思问题背后的深层原因，并提出引领时代发展的理念。不仅要做“黄昏中起飞的猫头鹰”，还要成为引领时代“高卢雄鸡”。这才是马克思主义哲学的价值所在——“哲学不仅从内部即就其内容来说，而且从外部即就其表现来说，都要和自己时代的

① 孙正聿：《思想中的时代：当代哲学的理论自觉》，北京师范大学出版社 2004 年版，第 123—124 页。

② 参见［德］黑格尔《小逻辑》，贺麟译，商务印书馆 1980 年版，第 39 页。

现实世界接触并相互作用"[①]。从时代出发，从时代面临的最突出的问题出发，正是当代中国政治哲学研究的第一要务，是马克思主义哲学研究者的重大历史使命。

在当代中国，马克思主义哲学研究者的首要任务，就是从政治社会中的重大现实问题入手，建构自己的、适应现实生活并能引导时代思想潮流的政治哲学理论。当代中国面临的一个主要问题，就是政治领域的权力集中问题。因此，从权力及权力结构入手来进行中国政治哲学的理论建构，是深化当代中国政治哲学研究的一条基本思路。

（二）正确破解"中国问题"的内在要求

中国正处在走向现代化的社会主义初级阶段，许多学者都在思考在这一历史阶段中国存在的问题。韩庆祥教授提出了"中国问题"的概念，他指出在哲学的发展方向上，应由只注重"词句革命"的哲学走向相对关注"中国问题"的哲学，对我们研究当代中国存在的问题很有启发意义。诚然，对概念和范畴的分析也是哲学研究所必不可少的，但如果只在琢磨词句上下功夫，而不去关注现实中的实际问题及实践的发展，最后也只能流于空谈。当代中国发展过程中出现的新问题日益增多，当代中国马克思主义哲学研究必须具有"问题意识"，走向面对"中国问题"的马克思主义哲学。韩庆祥教授认为："要激活马克思主义哲学研究，必须基于马克思主义哲学的本质，转换哲学研究范式，以哲学方式对'中国问题'做出符合时代水平

---

① 《马克思恩格斯全集》第1卷，人民出版社1956年版，第121页。

的哲学阐明，准确捕捉当今‘中国问题’；再把‘中国问题’提升到哲学层面进行研究，进而提升出哲学理念、思想与思维方式，并以理念、思想的方式影响现实。”①

求解“中国问题”，必须首先了解中国社会的特殊性。同世界上其他国家相比，中国的历史和文明有着显著的特点。中国社会有着2000多年的封建历史，在此基础上形成了完善的专制官僚政治体系及传统政治文化。在西方国家的政治思想史上，早在古希腊城邦时期就有了民主政治思想的萌芽，与西方国家相反的是，古代中国根本不存在民主政治的传统。传统中国社会中，从秦始皇建立第一个中央集权的封建王朝开始，政治力量就支配整个社会。以皇帝为代表的集权政府拥有全部的政治力量，控制着国家的一切经济、政治、文化资源，不仅社会是政治社会，文化是官本位的政治文化，就连人也成为政治的附庸。

新中国成立之初，由于国际环境比较恶劣的特殊历史原因，中国走上了一条效仿“苏联模式社会主义”的道路，在经济上实行计划经济体制，在政治上实行高度的集权体制。当然，不在政治上实行高度集权，就无法在经济上贯彻计划体制。虽然这种体制曾经在新中国成立初期恢复国民经济的过程中发挥了重要作用，但在此后国家和社会进入正常发展状态后，仍以国家的行政指令为主进行经济建设，就必然会出现种种问题。在改革开放前长达几十年的时间里，中国一直沿用革命年代的做法，用发动群众运动的方式发展经济，大搞政治运动。政治力量又一次控制了经济、文化及社会的所有领域，最终导致了个人崇

---

① 韩庆祥：《走向面对“中国问题”的马克思主义哲学》，《学术研究》2007年第8期。

拜、形式主义、官僚主义盛行。十年“文革”，便是计划经济和集权政治发展到极致的产物。

改革开放以来，我国取得了巨大成就，也付出了沉重代价，存在不少问题。虽然我国的经济总量和综合国力已经跃居世界前列，但是中国的改革在经济、政治两个领域是不协调的，出现了失衡的局面。经过30多年的市场化改革，虽然市场机制尚未健全，但社会主义市场经济体制已初步建立。可在政治体制改革和民主政治建设方面，却始终未能取得突破性的进展。宏观社会是一个包括经济、政治、公民社会等领域的综合体，政治体制改革必须与市场体制改革配套进行才能有所突破。政治改革止步不前，从长远来看，将会给中国社会的发展带来一系列难题，并且在当前已经有了很明显的表现。如在经济领域中，权力参与市场分配导致权力的市场化，权力主导资源配置导致粗放的经济增长方式；政治领域中，存在着权力践踏权利以及政府权力缺位、越位的现象；社会领域中，由于政府权力过大造成公民社会发展缓慢，社会不公平、不和谐现象还大量存在。分析权力市场化的原因，不难发现，原因就在于现存的传统社会中，政府权力依然具有管制作用，权力依然至上，这种权力不仅掌管、配置许多资源，而且占有许多资源。哪里有权力，哪里就有资源；哪里有资源，哪里往往就有权力的僭越。说到底，权力的市场化与一些政府的权力至上、权力管制有关。政府职能缺位、越位的主要原因在于官本位的政府权力运作体制。这种体制只注重对资源的控制，不注重公共服务。在社会公共领域，政府不仅要维护公平，还要为民众提供优质的公共产品与公共服务，然而一些政府部门及官员却以权谋私，对逐渐拉开的贫富差距调节不力，服务不到位，没有提供优质的公共产品，造成了权力的缺位。

反思当代“中国问题”，可以看出，所有的问题都与政治领域的问题有关，而政治领域的问题，又都涉及权力过分集中的现状。传统中国社会的图景就如卢梭所说的那样：“我已看出一切都归源于政治，而且，无论我们作什么样的解释，一个民族的面貌完全是由它的政府的性质决定的。”[①] 经济与政治领域的权力与资本的问题，都同属于当代中国所面临的问题，但是，“尽管也有资本的问题，但解决权力问题先于并重于资本问题。因为今天我国出现的大量问题，是由于政治领域至高无上的权力侵入市场而造成经济领域资本力量运作缺乏规范所产生的，权力至高无上又对权力缺乏制衡的问题不解决，其他问题包括资本运作不规范的问题也解决不了。一些学者不关注权力问题而只注重资本问题，是一种错位”[②]。求解当代“中国问题”，必须找到问题的根源，这个根源很明显就在于政治领域的权力问题，更准确地说，是与当代中国社会的权力结构不协调有关。因此，研究当代中国社会的权力及权力结构问题，有着深刻的现实意义。

（三）进一步推进中国改革的必然诉求

中国的渐进式改革之路是在反思社会主义现代化建设

---

① 转引自王子今《权力的黑光——中国封建政治迷信批判》，中共中央党校出版社1994年版，第1页。

② 韩庆祥：《走向面对“中国问题”的马克思主义哲学》，《学术研究》2007年第8期。

经验教训的基础上选择的正确道路。中国的改革是从“摸着石头过河”开始的，在改革开放初期，中国的社会主义建设面临着一个严峻的问题，作为现代化的外发型国家，中国必须选择一条合适的改革道路，以适应自己的现代化发展。从理论层面来讲，这一改革道路必须具备两个基本条件：一是必须变革原有体制中阻碍生产力发展的因素，迅速使中国回归到现代化建设的良性轨道上来；二是要保证在改革过程中政府的权威不致丧失，即避免在改革过程中产生政治危机而引发社会秩序混乱，为改革的顺利进行提供政治保证。从新中国成立初期社会主义建设的经验教训以及改革开放初期的国内国际形势来看，改革必须在国家所能控制的范围内进行，必须走从局部入手、从最容易改革的地方突破的改革道路。渐进式改革的基本特征就是，按照从小到大、从易到难、从外到内、从下到上的原则，走稳打稳扎、逐级推进、由浅入深的改革道路。很明显，在当时的历史条件下，走渐进式改革之路是一个必然选择。

30多年来我国的渐进式改革，在坚持社会主义方向的前提下，采取循序渐进、稳步推行的改革道路；在有效避免转轨期对社会各层面过大冲击的前提下，保持了社会稳定和经济高速增长，使改革取得了极大成功。渐进式改革使中国经济在长达30多年的时间里保持了10%以上的快速增长，综合国力大幅提升，中国的经济总量跃居世界第二位，创造了世界经济发展的奇迹，渐进式改革也因此被经济学家称为“中国模式”。

随着时间的推进，中国的改革已经到了一个新的阶段，进入以全面调整社会利益关系为重点的总体攻坚期。回顾我国渐进式改革的历程，许多学者进行了理性的反思，清醒地看到了改革背后存在的问题。中国的渐进式改革在取得巨大成功的同时，也暴露出了许多无法忽视的问题。有学者指出：第一，它主要依赖于增量改革，但终究不能回避作为存量部分的改革，比如国有企业效率不高、活力不足，严重影响了国民经济的健康发展，成为制约经济体制改革的关键因素。第二，它侧重于合约制度的安排，却不能绕过基础法律制度的变革。如国有企业的改革实质性阻力大多不在企业而在于政府机关，没有“政企分开”就不可能有“产权清晰、责权明确”的企业，建立现代企业制度更是空谈。第三，新旧体制采取的政策不同，因而使不同地区、不同部门和不同社会集团、不同社会阶层之间的利益分配不均，造成许多人心理严重失衡，对改革产生抵触情绪，阻碍改革的顺利进行。[①] 还有学者把这些问题总结为：一是市场处于无序状态，导致资源配置的效率低下；二是改革的不彻底使我国承受的代价越来越大；三是社会保障体系建设的落后；四是对中长期经济发展形成挑战的就是生产关系改革的滞后，这种严重的滞后已经在很大程度上阻碍了生产力的发展。生产关系的调整相对滞后，包括政府和企业之间关系问题、计划与市场的问题、垄断与放松管制的问题都还没有完全理顺。[②] 再有就是贫富差距问题，不断有学者撰文对这一问题进行批判，矛头直指公共权力的腐败问题，主要原因就在于：对公共权力的腐败缺乏制度性控制恶化了整个社会的收入分配状况，

① 参见刘德龙、高伟《试论我国渐进式改革的优势、缺陷及改进对策》，《山东社会科学》2000 年第 5 期。

② 参见徐宏源《中国渐进式改革经济隐患凸显》，《新华文摘》2004 年第 15 期。

在经济体制改革使国家和人民走向富裕的过程中，由于政治体制本身的缺陷（如缺乏健全的权力约束监督机制）、法制的不健全以及西方观念对人们意识形态的影响，在经济利益的驱动下，权力腐败浮出水面。在各式的行政审批制度主导的活动中，如项目审批、物资调拨、土地使用、许可证的发放、指标的分配等方面，一些公职机构和人员利用手中的权力获得不合理的非法收入，通过违法致富、腐败致富和不公致富等手段，在短时间里积聚了巨额财富，严重侵害了合理有序的分配制度，扩大了社会的贫富差距。①

反思改革出现的问题可以看出，几乎所有的问题都指向政治领域，都直接或间接地与政府权力的过度控制有关。回顾改革的道路不难发现，在中央与地方的关系上，始终是“一放就乱，一乱就统，一统就死”；同样，在政府机构改革方面，也存在“精简—膨胀—再精简—再膨胀”的恶性循环。政治体制改革的滞后，阻碍了市场主体的健康成长，扰乱了正常的市场秩序，阻滞了市场改革的进程，严重制约着市场经济体制的完善。当代中国的改革已经进入攻坚阶段，改革的方向将逐步转向政治体制改革、社会管理民主化改革等深层次问题，这是深化改革的必然方向。就目前的情况来看，这一步的完成存在很大的难度，因为改革的阻力主要来自政治领域，而政治领域的力量又远大于社会其他领域的力量。因此，如果不调整当代中国社会的权力结构，使权力在社会的各个领域内合理分

① 参见李鹏《渐进式改革的制度性缺陷与收入差距的扩大》，《经济探讨》2008年第5期。

配，改革很难继续取得突破。

邓小平在改革开放之初就提出这一问题。1986年9月，邓小平就有关政治体制改革问题进行了几次重要谈话，在谈话中他明确指出："现在经济体制改革每前进一步，都深深感到政治体制改革的必要性。不改革政治体制，就不能保障经济体制改革的成果，不能使经济体制改革继续前进，就会阻碍生产力的发展，阻碍四个现代化的实现。"[①] 遗憾的是，时至今日，这一问题依然没有得到有效解决。我国的渐进式改革之所以在取得巨大成功的同时，又产生这么多负面影响，都与此直接相关。因为，"在从计划经济向市场经济转型过程中，我国政府管理体制经历了对资源配置的直接控制向间接控制的深刻变革，但这种改革并未从根本上解决政府权力赋予和政府行使权力的监督问题。尽管政府释放直接控制权的改革为市场机制的形成创造了空间，随着市场经济体制框架的形成，过多的和不规范的政府管制会成为社会的负担。政府行政体制改革会成为新一轮改革的起点，这一改革的持续进行必然要深化为关于权力赋予与对权力运用监督的政府改革。假以时日，这一改革将成为我国渐进式政治体制改革的重要内容和必经的阶段"[②]。总之，当代中国在继续推进渐进式改革的同时，也必须把推进权力结构调整提上议事日程，才能使社会各领域之间相互协调，使我国社会主义现代化建设继续顺利前进。

---

① 《邓小平文选》第3卷，人民出版社1993年版，第241页。

② 唐杰、蔡增正：《渐进式改革的博弈分析——兼论从经济体制改革到渐进式政治体制改革》，《南开经济研究》2003年第4期。

二　对相关研究成果的清理和总结

学术研究的一个基本思路就是在前人和同时代人的基础之上进行继续探究，研究者只有在与他人的相互批判和支持的对话之中，才能使自己的研究成果在某些方面有所突破，本书的研究自然也不例外。正如陈先达教授所言："时代以其自身的矛盾迫使人们注意，并规定人们认识可能达到的范围和界限，但它不能自发地产生任何理论。理论创造是精神生产，它有自己的特殊规律。其中一条重要的规律是，任何理论思维都必须以它的先驱者提供的思想资料作为前提。这表现了人类认识的继承性和连续性。"① 目前国内外学术界从哲学角度对权力结构进行宏观研究的成果并不丰富，而针对中国权力结构进行的专门研究更为稀少。学界对权力进行结构化研究通常有微观和宏观两种分析方法。微观分析方法源于政治学领域，主要是对权力结构进行狭义的分析，研究对象主要是政治权力的结构，常提到的立法、行政、司法"三权分立"的权力结构就属于这种情况。而对权力结构的宏观分析，属于广义的范畴，主要是从社会结构的角度，对社会各领域间的权力格局进行研究，这一研究始于西方市民社会理论。现代市民社会理论把社会分解为经济、政治、社会几大领域，认为各领域的权力之间存在相互促进和制约的关系。本书的研究思路，采用的正是后一种方法。因此，本书较多地借鉴

① 陈先达：《走向历史的深处》，上海人民出版社1987年版，第16—17页。

了中西方市民社会理论的研究成果。但是，学界关于微观政治权力结构的研究成果对本书写作也有一定的参考价值。

（一）国外研究现状

前面提到，对权力结构的分析主要采用微观和宏观两种分析方法，微观分析方法贯穿西方分权论思想的始终，这一方法主要着眼于政治权力的结构。亚里士多德早在其《政治学》一书中，就设计出了微观权力结构的模型，他认为政治权力具有议事、行政和审判三种机能，他指出："一个优良的立法家在创制时必须考虑到每一因素，怎样才能适合于其所构成的政体。倘使三个要素（部分）都有良好的组织，整个政体也将是一个健全的机构。"① 亚里士多德的这一思想可谓西方分权论的萌芽。后来，洛克在其《政府论》下篇里提出了立法权、行政权和联盟权三权分立的思想，他认为，国家由三种权力构成，即立法权、行政权和联盟权，并且每一种国家权力都要由一个相应的特殊机关来掌握。② 接下来，孟德斯鸠在《论法的精神》中完善了三权分立的思想，他提出："每一个国家有三种权力：（一）立法权力；（二）关于国际法事项的行政权力；（三）有关民政法规事项的行政权力。……我们将称后者为司法权力，而第二种权力则简称为国家的行政权力。"③

① ［古希腊］亚里士多德：《政治学》，吴寿彭译，商务印书馆1965年版，第214页。

② 参见［英］洛克《政府论》下篇，叶启芳等译，商务印书馆1964年版，第89页。

③ ［法］孟德斯鸠：《论法的精神》，张雁深译，商务印书馆1961年版，第154—155页。

与西方分权论相对应，当代西方国家建立了以三权分立为基础的权力结构。这种权力分立思想主要关注的是政治权力的分解，其所依赖的制衡力量也主要来自政治权力自身，而政治权力所具有的扩张本性使人们意识到，仅靠政治权力内部的分权制衡是远远不够的，有效的权力制衡必须依靠外部的力量。正是基于这样的考虑，现代市民社会理论应运而生。

市民社会这一概念早在古希腊和古罗马时期就已经出现，但这一理论的真正形成，或者说具有现代含义的“市民社会理论”是由黑格尔正式提出来的。黑格尔在其《法哲学原理》中第一次正式把市民社会从国家分离出来，详细阐述了市民社会的构成、性质以及作用等，把市民社会看作介于家庭和国家之间的经济和社会领域。黑格尔的市民社会概念是在现代社会的意义上提出来的：“市民社会是在现代世界中形成的，现代世界第一次使理念的一切规定各得其所。”[①] 在黑格尔那里，国家高于市民社会，市民社会是由国家决定的。对此，马克思批判黑格尔将两者的关系“头足倒置”。[②] 但同时，他又对黑格尔的这一理论贡献给予了充分肯定，马克思认为：“黑格尔把市民社会和政治社会的分离看做一种矛盾，这是他较深刻的地方。”[③] 总体说来，经黑格尔提出并由马克思完善的现代市民社会理论，核心思想就是强调政治国家与市民社会的二元分离。在黑格尔之后，20世纪，随着资本主义社会的进一步

① ［德］黑格尔：《法哲学原理》，范扬、张企泰译，商务印书馆1982年版，第197页。

② 《马克思恩格斯全集》第1卷，人民出版社1956年版，第251页。

③ 同上书，第338页。

发展，市场经济的独立性越来越明显，几大领域间的界限更加清晰，从而引发更多的学者对这一理论的关注。经过葛兰西和霍克海默等一批学者不断研究，到哈贝马斯市民社会理论获得了新的发展。哈贝马斯认为，市场经济的发展促进了现代国家与社会更为深刻的分离，他把黑格尔的“市民社会”进一步区分为“狭义的市民社会”（经济领域）和“真正的公共领域”。之后的美国学者柯亨和阿拉托更是明确把“经济领域”从“市民社会”中分离出去，把“市民社会”看作经济领域与政治领域之间的社会互动领域。至此，“现代市民社会理论”趋于成熟。市民社会理论虽然是基于西方资本主义的架构而提出来的，与中国的基本情况不尽相同，但从宏观社会结构的角度来看，当代中国社会的领域分离已是一个必然趋势，因此，这一理论对我们分析中国的权力结构很有借鉴意义。

（二）国内研究现状

国内学者研究权力以及权力结构主要集中在哲学、社会学、法学和政治学领域，从其研究成果来看大致可分为三类。

首先从政治学和法学领域来看，其研究对象主要是狭义的权力结构。如李景鹏在《权力政治学》中，对政治权力结构与政治主体结构的关系、要素进行了详细分析，把政治权力结构分为四个构成要素，分别是权力作用的方向和方式、作用层次、时间以及作用的程度和结果。[①] 另外

① 参见李景鹏《权力政治学》，黑龙江教育出版社 1995 年版，第 38—39 页。

林喆在《权力腐败与权力制约》、周永坤在《规范权力——权力的法理研究》中对权力结构都有论及。综合这些学者的研究成果来看，他们的基本观点比较接近，即他们都认为应从权力内部对权力进行分解，并以此为基础建立一个相互制约的权力体系，以权力之间的关系来制约权力。由此来看，这些研究还是局限在政治权力内部，关注的是对政治权力本身的制约，并未涉及社会各领域之间的力量互动。但是，他们提出要通过对权力的分解与合理配置达到权力制约的目的，对于本书探索理想的权力结构模式很有启发。

其次，国内一些研究市民社会理论的学者的成果非常值得重视。国内学界对市民社会理论的研究起步较晚，改革开放以后才逐渐有学者对这一问题进行关注。到 20 世纪 90 年代以后，随着市场经济的逐步成熟，公民表达诉求的愿望逐渐强烈，于是越来越多的学者开始对这一问题进行研究。近几年来，相关研究成果逐渐丰富，除了许多专著之外，在中国知网上输入“市民社会”或“公民社会”的题名可以检索出相关文章 1000 多篇。这些论著和文章很多都是从社会结构的视角来进行研究，这里列举一些比较具有代表意义的著作和文章。学界对中国市民社会研究起步较早的学者里面，邓正来比较有代表意义，在其作品集《国家与社会：中国市民社会研究》和由他主编的《国家与社会：一种社会理论的研究路径》论文集里面收录了大量关于中国市民社会理论构建的文章。在其作品集的“自序”里面我们可以清楚地看到他的学术观点，“在‘国家与市民社会’这个题域中，我的努力主要是透过对既有的政治学和社会学理论解释模式的批判和反思而试图建构起中国社会理论中的‘国家与市民社会’或‘国家与社会’分析框架，并努力依据此一分析框架揭示出中国在步入全球性现代化进程以后所遭遇到的各种问题及其背后所隐含的更为深层的结构性困境”①。他主张国家与社会二分的“二元观”，这一思想里面最值得关注的就是，他认为国家权力的过度集中除了内部结构的原因之外，更主要与国家与社会的关系，也即外部结构有关。基于这样的认识，他提出应坚持国家与社会良性互动的理念建立中国的市民社会，这一思想有着较高的理论意义与现实价值，在本书的写作中吸收了这一思想。另外，在张静主编的《国家与社会》一书中收录的一些学者的论文也对中国的权力结构有所涉及，如在王绍光和胡鞍钢的《中国政府汲取能力的下降及其后果》及李强对此文的评论《国家能力与国家权力的悖论》中，就提出了中国所具有政治权力过大的结构性问题，认为这一问题是造成目前公共权威危机的主要原因。再有就是康晓光所著的《权力的转移——转型时期中国权力格局的变迁》一书，在这本著作里面，作者沿袭了西方市民社会理论的观点，把政治、经济和社会领域三分的框架用于分析中国社会，系统地分析了改革开放几十年来中国的社会变迁，提出了中国社会正在经历由原来政治领域垄断一切权力的“单极结构”向三个领域分享权力的“多极结构”转变的观点。总结以上学者们的思想，他们立足中国的现实情况，从国家与社会互动的角度对中国社会结构的转型提出了很多极具建设性的意见，使笔者在本书的写作过程中很受启发。但是，对于中国传统的权

① 参见邓正来《国家与社会：中国市民社会研究》，北京大学出版社 2008 年版，序言第 2 页。

力结构存在的问题以及新型权力结构的具体设计，这些研究并没有涉及太多。

最后，在哲学领域，也有许多学者对中国的权力结构进行了研究，其中韩庆祥教授的研究最有代表意义。近年来，韩庆祥教授提出了社会层级结构理论，围绕这一理论，连续发表《体制问题的背后是社会层级结构》《社会层级结构理论与中国和谐文化建设》《走向面对“中国问题”的马克思主义哲学》《政治哲学视野的“中国问题”及其解决路径——公正为基的能力主义》《社会层级结构与理论创新》《马克思是如何以哲学的方式解读现实问题的——兼论当代中国马克思主义哲学的解读方式》《社会层级结构理论与当代中国政治哲学研究范式》《马克思主义哲学视阈中的“中国问题”》《社会层级结构与以人为本——一种政治哲学的分析》等一系列论文。在这些文章里面，韩庆祥教授对中国传统的社会结构和权力结构进行了比较深入的研究。他认为，现实的中国社会存在的诸多问题原因有很多种，但根本原因则主要来自权力至上、自上而下、高低有差的“金字塔”式的社会层级结构及其权力运作体制。并且，社会层级结构决定权力运作体制，权力运作体制又决定思想理论观念。只有改造社会层级结构，才能够有效地改革权力运作体制，进而改变人们的思想理论观念。韩庆祥教授进而提出以“公正为基的能力主义”理念和“三维制约的社会结构”框架来改造社会层级结构的观点。本书秉承了韩庆祥教授的研究思路，并在借鉴韩庆祥教授研究成果的基础之上对中国传统的权力结构进行了较为全面的分析，进而提出了建构新型权力结构的具体方法和路径。

三　主要研究方法

对于任何科学研究而言，方法都是至关重要的，有效合理的方法往往能够起到事半功倍的效果。本书立足哲学的角度研究中国权力结构的转型，需要有一个比较开阔的视野，对研究方法的选择也就提出了更高的要求。总体而言，本书主要采用了以下几种研究方法。

（一）科学原则与价值原则的统一

对规律的探寻与对人的价值的尊重相统一是马克思主义一贯的立场。科学原则要求从客观事实出发来考察人和社会，遵循的是现有原则和事实性原则，而价值原则遵循的是应然原则和理想性原则。价值原则要建立在科学原则基础上，而科学原则必须坚持价值的认同和价值评判的标准。本书立足中国实际，从当代中国的现实问题入手来研究中国的权力结构，并在此基础上提出了权力结构的应然模式，体现了科学与价值相统一的原则。

（二）历史考察与逻辑分析的一致

逻辑的东西和历史的东西的一致，是辩证逻辑建构科学知识的主要原则。这一原则是黑格尔首次提出来的，马克思和恩格斯摒弃了黑格尔关于逻辑与历史一致思想中的唯心主义实质，对其进行了唯物主义的改造，使其成为马克思主义研究人类社会的一个根本方法。本书正是秉承这一方法，按照辩证逻辑的原则，通过对中国传统权力结构形成和演变的历史分析，揭示了传统权力结构的基本特征和作用。

（三）比较分析方法

比较分析方法，是学术研究中一种常用的方法，其目的是通过事物、现象之间的对比，找出相同和不同，发现其共性和特殊性，认识事物发展的一般规律和特殊规律。马克思十分重视比较研究方法，他把比较研究视为理解历史现象的钥匙。“极为相似的事情，但在不同的历史环境中出现就引起了完全不同的结果。如果把这些发展过程中的每一个都分别加以研究，然后再把它们加以比较，我们就会很容易地找到理解这种现象的钥匙。”[①] 这种方法在本书中有着深刻体现，中国和西方、传统和现代的比较贯穿本书的始终，正是在这种对比之中，笔者找到了“中国问题”的特殊性及解决“中国问题”的根本途径。

（四）批判原则与建构原则并用

批判和建构原则并用历来是马克思主义哲学的一个主要研究方法。马克思主义的基本特征之一就在于它始终处于批判的立场之上，对现实生活的批判是马克思主义哲学的一个永恒的主题。马克思主义哲学对社会现实的关注具有其特有的方式，它是以反思、追问的方式关注现实的。对问题的反思、追问不再停留在现象层面，而是深入本质，通过批判现有事物，对事物存在的合理性进行挖掘和

① 《马克思恩格斯全集》第 19 卷，人民出版社 1963 年版，第 131 页。

探索。通过批判和追问，发现现存事物自身自我否定的根据，从而探求现存事物的发展规律。批判并不是最终目的，批判最终是为了建构更合理的存在方式。本书通过对传统权力结构进行认真分析，深刻批判了传统权力结构产生的消极影响，并在此基础上提出了新型权力结构的建构原则，设计出了新型权力结构的理想形态。

四　研究难点和学术创新

（一）研究难点

权力本身就是一个非常复杂的概念，表征权力组织形式的权力结构概念更是如此，因此，完整阐释这一概念是一项很难完成的任务，这是本书的第一个难点。第二，权力结构问题涉及哲学、政治学以及社会学，对于这样一个跨学科的内容，从哲学的角度进行全面把握就需要阅读大量的相关资料，这是本书写作的另一个难点。第三，权力结构问题不仅是一个理论层面的问题，更是一个实践层面的问题，这就要求研究者既要拥有相关理论知识，还要有较深的社会感悟，否则对这一问题的研究就很难深入，这是本书研究的又一个难点。

（二）创新之处

本书的创新之处有以下几点：其一，较为完整地阐述了中国传统权力结构的形成基础、基本特征、历史演变和作用，这在学术界还是第一次。其二，提出了解决“中国问题”的具体思路，就是改造传统的权力结构，构建“三维互动”的新型权力结构，这具有一定的现实意义。其三，国内哲学界对权力及权力结构的研究非常稀少，本书从政治哲学的角度研究中国权力结构的转型，研究成果对丰富我国政治哲学的研究内容有着一定的理论意义。

第一章

权力与权力结构

从政治哲学的视角考察一个社会，最基本的方法论，是从“结构—体制—文化”三维入手。社会结构决定政治体制，结构比体制更深层、更根本，体制的背后是结构。有什么样的社会结构，往往就会有什么样的社会运作体制，也就形成什么样的文化。就如韩庆祥教授所说：“不能否认，确有不少问题与体制有关。然而，有比体制与人更为深层的原因，那就是传统的社会层级结构，应把体制问题进一步深入到传统社会层级结构问题上来。”① 本书就是秉承这一方法论，从蕴含于传统社会结构中的权力结构入手，来进行学术研究的。

一　权力的本质

权力，是人们在日常的经济和政治生活中经常遇见又能时刻体会到的一种社会现象，已经在人类历史上存在和发展了几千年，从它出现的那一天起，就成为与社会密不

① 韩庆祥：《体制问题的背后是社会层级结构》，《人民论坛》2007 年第 4 期。

可分的一个组成要素，在其存在的每个时代都受到人们的高度关注。在中国漫长的文明史中，它更是一直高高在上并令人梦寐以求。然而，人们对其认识却并不甚清晰。权力是如何产生的？它又是如何运行的？它在社会中的功能是什么？它都包含哪些内容？等等。完整地回答上述问题恐怕非要一本鸿篇巨制不可，以笔者的学术积累力不从心，这里笔者在前人研究的基础上，从政治哲学的角度，尝试对以上问题做一些探索。

（一）权力的词源学分析及其演变

古今中外的学者，从各自不同的学科特点出发，给权力下了各种不同的定义。从词源学上来看，英语中的power一词来源于法语的Pouvior，再向上可追溯到拉丁文的Potestas或Potentia，本义就是能力、力量或威力。在中国古代，“权”有两重意思，如孟子所说，“权，然后知轻重”[①]，表示衡量、权衡的意思；此外，还有制约别人的意思，如战国时期法家代表人物慎到在《慎子·威德》中提出：“贤而屈于不肖者，权轻也。”

西方学者对权力的研究比较早，权力概念最先是在政治学领域出现。亚里士多德在其《政治学》一书中，对古希腊城邦中所产生的各种具体权力进行了分析，他认为权力体现为一些人统治另一些人的权利，这种统治依靠的是某种实际的力量，而希腊城邦政体的更迭正是与统治者人数的多少及其力量的大小有关。此外，亚里士多德还对希腊城邦各部门的权力分工进行了分析，认为城邦有议事、

① 《孟子·梁惠王》，中华书局1983年版，第153页。

行政与审判三种功能，这三种功能在不同情况下得以体现。后来，权力概念逐渐延伸到其他学科，几乎在各个社会学科里，都能找到权力的定义。如伯特兰·罗素把权力称作社会科学的基本概念，就如同“物理学中的基本概念是能量”一样。[①] 尼采则认为权力是一种意志力，一种本能。社会学上，韦伯认为权力乃是“这样一种可能性，即处于某种社会关系中的一个行动者能够不顾反对而实现其个人意志的概率，而不管这一概率所依赖的基础是什么”[②]；美国社会学者帕森斯认为：“权力指一种个人或群体反复地把自己的意志强加于他人的能力，而不是指影响他们的一项决定的单个例子。”[③] 政治学上，达尔说权力如同控制、权威、影响力一样是模棱两可的，不妨将它们都称为影响力术语，他一共总结出 1400 多种影响力。他在《论权力概念》中说道：“对于权力，我的直觉看法是这样的：在 A 能使 B 做 B 本来不愿做的事情这个范围内，A 对 B 拥有权力。”[④] 万斌在《政治哲学》一书中把权力定义为“一个人根据自身的需要影响乃至支配他人的一种力量”[⑤]。李景鹏则认为：“权力就是根据自己的目的去影响他人行为的能力。这就是说，权力是一种力量，依靠这种力量可以造成某种特定的局面或结果，即是使他人的行为符合于

---

① ［英］伯特兰·罗素：《权力论》，靳建国译，东方出版社 1988 年版，第 4 页。

② 转引自［英］罗德里克·马丁《权力社会学》，丰子义、张宁译，生活·读书·新知三联书店 1992 年版，第 81 页。

③ ［美］帕森斯：《现代社会的结构与过程》，梁向阳译，光明日报出版社 1988 年版，第 148 页。

④ 转引自［英］罗德里克·马丁《权力社会学》，丰子义、张宁译，生活·读书·新知三联书店 1992 年版，第 82 页。

⑤ 万斌：《政治哲学》，浙江大学出版社 1996 年版，第 202 页。

自己的目的性。”① 陈振明则认为，权力是“主体基于对特定资源的支配而使相对人服从并使相对人的不服从丧失正当性的作用力”②。

总体说来，可以把目前学界给出的权力概念分为四个大类。第一是力量说，认为权力是下达命令的权利和强迫别人服从的力量。如我国《现代汉语词典》和《社会学词典》就分别将权力界定为职责范围内的支配力量和强制性的社会力量。第二是能力说，认为权力是主体根据需要影响他人的能力，如《中国思想政治工作全书》把权力归结为迫使他人或团体做出某种行为的能力。第三是控制说，认为权力是在个人或团体之间发生利益冲突或价值冲突的情况下一方对另一方进行强制性控制。第四是关系说，认为权力是一个人或组织的行为对另一个人或其他组织的行为产生影响，并使其行为发生改变的一种关系。

（二）权力的基本含义和特征

1. 权力的含义

由以上权力概念的演变可以看出，从单个学科出发，完整界定权力的含义是不大可能的。但出于研究的需要，却又必须从学科角度对权力的基本含义进行界定。从政治哲学的角度，笔者认为，权力主要有以下含义。

第一，权力表征的是一定社会中特定主体与客体的双向关系。权力现象发生于人与人的交往活动之中，权力只能在权力主体与客体相对应的具体社会关系中发挥作用，两者是相互作用、相互影响的。权力关系是主客体之间的

① 李景鹏：《权力政治学》，黑龙江教育出版社1995年版，第32页。

② 陈振明：《政治学》，中国社会科学出版社1999年版，第276页。

一种互动关系，权力的存在与权力的运行有赖于权力客体的存在，权力的存在以对象的服从为基本前提。这就如同一个军队的将领的权力有赖于他所统率的部队一样，如果他的士兵被消灭或是因为别的原因不存在了，那他所拥有的权力也将随之消失；另外，不管出于什么原因，如果他的士兵不愿意再服从他的指挥，那他也会失去他的权力。当然，也并不排除在某些特殊情况下，权力主体不顾客体的反对，把自己的意愿强加于客体之上，就如同韦伯所认为的那样。但是，如果这样的情况持续出现的话，那么这种权力关系就很难长久存在下去。这种现象在奴隶社会持续存在，但在此后的社会形态里，情况就不再是那样了。从人类文明的不断进步来讲，“权力应被看作实现集体目标的普遍手段，而不是满足有限的局部利益的特殊手段”①。

第二，权力执行的是群体意志的公共诉求。权力是一种代表公共机构和社会意志行使的公共力量，具有公共性。公共管理是对公共事务的管理，凡是涉及社会群体公共利益的事务，就存在着公共性。公共性是权力作为一种超越于个人之上的社会控制力量的合法性基础，公共管理职能是权力的基本职能。② 在马克思看来，人是现实的人，生活在社会之中，而社会本身是一个矛盾的集合体。为了防止社会内部矛盾和冲突的激化而导致整个社会的毁灭，就需要有一种特殊的社会公共力量。这种社会公共力量通过专门的机构来行使，它的作用在于缓和冲突，使社会保

① ［英］罗德里克·马丁：《权力社会学》，丰子义、张宁译，生活·读书·新知三联书店1992年版，第84页。

② 参见董云虎《论权力概念》，《人权》2006年第2期。

持一种正常的秩序，以政府为表现形式的公共权力就是其中一种。正如恩格斯所指出的那样："政治统治到处都是以执行某种社会职能为基础，而且政治统治只有在它执行了它的这种社会职能时才能持续下去。"①

第三，权力是一种受法律保障的强制力量。回顾中外政治思想史我们可以发现，在国家产生之后的人类历史上，权力始终是"整个社会的正式代表，是社会在一个有形的组织中的集中表现"②。权力总是以社会整体的名义出现，在其行使管理公共事务职能的过程中，权力是代表整个社会的。因此，权力是一种合法的强制力量，强制性也是权力的一个基本要素，我们所讨论的任何一种公共权力都具有强制性。在韦伯看来，权力是指处于社会关系中的行动者具有的排除阻力以其意志左右他人行为的能力。在法律的保障下，权力主体利用权力的控制力量，可直接迫使社会成员服从自己的意志。在权力的运行过程中，强制性始终与其相伴，由于可以合法地使用公共强制力量，社会成员不管愿意与否都必须服从。在阶级社会中，权力是阶级统治的工具。掌握公共权力的统治阶级，总是利用手中的公共权力来谋取自己的阶级利益。在社会主义社会，公共权力掌握在人民手中，它必然以维护广大劳动人民的根本利益为目的。

2. 权力的基本特征

根据以上权力的含义，笔者来分析一下权力的基本特征。

权力的第一个特征是权力存在的必要性。约翰·密尔

① 《马克思恩格斯全集》第20卷，人民出版社1971年版，第195页。
② 《马克思恩格斯全集》第19卷，人民出版社1963年版，第242页。

指出：统治者的“权力被看作是必要的……在一个群体中，为着保障较弱成员免遭无数鹫鹰的戕贼，就需要一个比余员都强的贼禽受任去压服它们”[①]。在传统农业社会时期，由于个体力量的微小，无论在自然状态中，还是在社会状态下，为了保证生存，人们都必须以各种各样的方式联结起来。在人们结成社会之后，还需要有一个公共力量来进行公共资源的合理分配，这个公共力量就是权力，这就是权力产生的最初原因。“在社会发展某个很早的阶段，产生了这样的一种需要，把每天重复着的生产、分配和交换产品的行为用一个共同规则概括起来，设法使个人服从生产和交换的一般条件。这个规则首先表现为习惯，后来便成了法律。随着法律的产生，就必然产生出以维护法律为职责的机关——公共权力。”[②] 在现代社会里，社会组织更加复杂，政府、经济团体乃至公民自治组织，都要在一定的社会规则下运行，社会成员不会去自动遵守规则，如果没有权力的存在，就不会有秩序的存在，社会就无法正常运行。

权力的第二个特征是来源的合法性。“权力所具有的社会力量不是源于赤裸的暴力，它与强盗的手枪不同，权力的力量来自它的合法性，即权力有合法的来源。”[③] 马基雅维利在《君主论》中，对权力的来源做了详细的分类，他认为权力的获得，除了世袭之外，“或者是依靠他人的武力或君主自己的武力，否则就是由于幸运或者出于能

---

① ［英］约翰·密尔：《论自由》，许宝骙译，商务印书馆2006年版，第1页。

② 《马克思恩格斯全集》第18卷，人民出版社1964年版，第309页。

③ 周永坤：《规范权力——权力的法理研究》，法律出版社2006年版，第143页。

力”[1]。他所论及的这些权力的获取方式存在于专制社会里，对我们现代意义上的国家并没有太大的启发意义。不过，在这本篇幅不长的册子里，马基雅维利在“论市民的君主国”一章里专门论及由于人民的拥护而获得的权力，对我们分析权力的特征很有作用。他指出：“如果一个人由于人民的赞助而成为君主的话，他应该同人民保持友好关系。”“君主必须同人民保持友谊，否则他在逆境之中就没有补救办法了。”“如果把基础建立在人民之上的人是一位君主，而且他能够指挥，是一个勇敢的人……并且以其精神意志与制度激励全体人民，这样一个人是永远不会被人民背弃的。”[2] 在专制社会中，权力取得的合法性只在于君主的认同，而君主的最高权力的合法性只是形式上的、虚幻的。在现代民主制度下，权力来自全体人民，权力主体只是权力的执行者，而不是权力的拥有者，离开这个前提的一切权力都是不合法的。

权力的第三个特征是行使的公共性。权力出现的原始动因就是公共管理的需要，这也决定了权力在其行使过程中，只能为了公众的利益，而不能为了权力行使者的私利。即使在专制社会，统治阶级除了利用国家机器控制被统治阶级，镇压被统治阶级的反抗活动外，也要运用公共权力承担起管理社会公共事务的职能，比如组织抗灾、兴修水利、赈济灾民、兴办学校等。就如海伍德所认为的那样：“所有政治都与权力相关。政治实践经常被视为权力

① ［意］尼科洛·马基雅维利：《君主论》，潘汉典译，商务印书馆1985年版，第3页。

② 同上书，第47—48页。

的运作，学术研究的主题本质上是对权力的研究。”[①] 在现代社会，权力的目的就在于保护公民的权利不受侵犯，对侵犯公民权利的行为进行惩罚，处理公共突发事件，使用公共资源救济社会弱势群体，等等，这已经成为一条最基本的原则。从权力的来源看，权力来自全体公民的权利让渡，这个权力所有权属于人民，从应然层面上来说，权力保障权利不存在任何争议。但是，在权力的实际运作过程中，撇开古代不说，就在今天，权力侵犯权利的现象也是层出不穷。我们把这种现象称为权力错位或以权谋私，这种现象背离了权力行使的公共目的，给社会发展造成了坏的影响，是现代社会的一颗毒瘤。对这一现象，学者们从理论和实践角度都提出了很多卓有成效的对策，这里不再过多论及。

（三）权力的构成要素及分类

前面说过，权力表征着人与人之间的一种社会关系，存在于动态的运行之中，从这个意义上来讲，我们可以清理出权力的几个构成要素，即权力主体、权力客体和具体的权力行为。从权力的构成要素出发，我们可以进一步对不同类型的权力进行区分。下面笔者分别对它们进行分析。

1. 权力的构成要素

首先来看权力主体。我们知道，权力最初就是产生于主客体之间的相互作用之中，通常情况下，人们对权力主体的理解就是权力的拥有者。不过我们再细加分析，就会

① Andrew Heywood, *Political Theory: An Introduction*, London, Macmillan, 1999, p. 122.

发现这一认识是不完善的。从权力的来源来看，权力来自公民个人权利的让渡，从而，权力的应然主体无疑应该是全体公民。但是，从权力的实际运行来说，权力不可能由全体公民一起来行使，这是只有在“理想国”才能出现的情况。在现实的政治生活中，权力只能由组织或个人来代替全体公民行使。在这一过程中，权力的所有权发生了转移。我们看到，在古代君主制国家，权力是由以君主为代表的统治集团来行使的；在现代国家，权力的主体一般是以政党为代表的政府。因此，在权力的现实运行中，权力在应然主体和实然主体之间发生了转移，在这一过程中，权力的应然主体变成了现实之中的权力客体。当然，这一转移是建立在人民信任的基础之上，是出于公共管理的必要，是具有历史合理性的分离过程，也是权力运行的必然结果。不过，应该指出的是，作为实际执行者的权力主体来说，他们所拥有的是公共权力，因此也只能用来为全体公民谋取利益。如果他们把权力攫为已有，当作自己的私人权力，就会出现权力的异化，也就背离了权力转移的初衷，也正是出于这一考虑，对权力主体的制约才是必要的。

其次来看权力的客体。权力客体就是权力主体的作用对象，正是权力主体和客体的相互作用构成了具体的权力关系。如果按照“法律面前，人人平等”的要求，权力主体和客体之间应该是完全平等的关系。但一般来说，在权力的实际运行过程中，权力主体处于主导地位，而权力客体则处于被动地位。的确，从历史上来看，统治阶级对人民的控制和压迫是不允许有反抗的。在那时，统治者完全是以主人的姿态对民众进行管制，而民众也只能被动服从，在统治者和民众之间是一种完全不对等的关系。在现代法治社会，人人平等已经成为共识。不过，由于权力本身就是一种强制力量，在与权力客体的关系上主体就处于一种天生的优势地位，甚至有人认为“权力关系的不平等是实行国家管理的基础”①。实际上，权力主体之所以处于优势地位，根本在于法律的保障，正是法律规定了权力客体对主体的服从义务。而法律是为保障人民，也即实际的权力客体的利益而制定的，所以，权力主客体之间的服从关系必须在法律的限定下才有实际意义，一旦超出法律的范围，这种主客体的关系就会不复存在。② 即使在历史上，我们也可以看到，如果统治者对民众的管制和压迫到了民众无法忍受的地步，民众的群起反抗很快就会令统治阶级垮台，从而使旧有的权力主客体的关系发生颠覆。

再次来看具体的权力行为。权力行为就是权力的发生过程，是权力主客体相互作用的实际活动。在这一过程中，权力主体采取一定的方式把反映自己利益的意志施加于客体身上。根据施加的方式，我们可以把权力行为分为两种：一种是强制性的，另一种是非强制性的。所谓强制性的权力行为，并非单指暴力管制，而是权力主体利用武力或者所掌握的其他力量对权力客体施加意志的权力行为。就如恩格斯所说：“在任何地方和任何时候，都是经济的条件和资源帮助‘暴力’取得胜利，没有它们，暴力就不成其为暴力。”③ 有学者把这种强制性的权力行为又细

---

① 卢少华、徐万珉：《权力社会学》，黑龙江人民出版社 1989 年版，第 47 页。

② 参见周永坤《规范权力——权力的法理研究》，法律出版社 2006 年版，第 132—133 页。

③ 《马克思恩格斯全集》第 20 卷，人民出版社 1971 年版，第 187 页。

分为直接的强制和间接的强制，直接的强制就是依靠军事或者其他暴力的施加来维持；间接性的强制则靠威慑和法律的力量来保证，主要有威慑性的支配、法律性的支配、行政性的支配和控制性的强制支配等。[①] 非强制性的权力行为，就是借助精神的力量，利用主体的权威对客体施加情感性的影响，从而达到权力支配目的的行为。古往今来的历史事实表明，单一的权力行为很难实现权力控制的目的，而统治者一般也都同时采用两种权力行为实现其统治目的。他们一方面利用以武力为代表的强制力量对民众进行管制，另一方面利用宗教迷信的力量对民众进行精神麻醉，使民众从身到心都受到严格的控制。

2．权力的分类

根据权力的构成要素，我们可以进一步对权力进行分类。首先按照权力主体及作用领域的不同，可以把权力分为政治权力、经济权力和社会权力。政治权力就是指支配政治领域的权力，而经济权力和社会权力分别指支配经济和社会领域的权力。政治权力的主体一般是国家、政党和政府，有学者把政治权力定义为“政治主体凭借其政治资源，如军队、警察、法庭、惩罚制度、组织设施、合法性、专门知识等，参与国家事务，制定宪法、法律、法规和带有强制性的各种决定而使人服从的权力”[②]；还有学者把政治权力看作“某一政治主体依靠一定的政治强制力，为实现某种利益或原则而在实际政治过程中体现出的对一定政治客体的制约能力”[③]。一般说来，国家权力和政党、

① 参见李景鹏《权力政治学》，黑龙江教育出版社1995年版，第100页。

② 卢少华、徐万珉：《权力社会学》，黑龙江人民出版社1989年版，第119页。

③ 李景鹏：《权力政治学》，黑龙江教育出版社1995年版，第33页。

政府的权力是不同的，相对于政党和政府权力，国家权力的含义更广泛一些，从层次性来说，国家也要高于政党和政府。相对于西方国家来说，社会主义中国的情况有些特殊。中国实行的是共产党领导的多党合作和政治协商制度，党的权力实质上处于政府的权力之上，并且在多数情况下中国的党、政府和国家是三位一体的，党的意志就是国家的意志，同时也就是政府的意志。因此，本书在后面提到的政治权力以及政府权力也是从这一意义来说的，不再做进一步的区分。经济权力的主体一般是独立的市场主体，如企业或经济团体；社会权力的主体一般是民间自治组织，在现代社会则主要指公民社会。不过，这一划分并不是严格意义上的，这三种权力的作用范围多数时候是相对的。政治权力的作用范围绝不仅限于政治领域，往往涉及经济领域和社会领域，甚至在传统中国社会中，不仅政治领域是完全自治的，政治权力还完全控制了经济领域和社会领域，这时的经济权力和社会权力实质上都掌控在政治领域，从而导致传统中国的经济权力和社会权力名存实亡。

其次，根据权力主体的性质我们还可以把权力分为公共权力和私人权力。公共权力是和公共利益联系在一起的，公共权力的一个主要特征就是行使权虽然在个体那里，但所有权却在群体或组织那里。刚刚论及的政治、经济以及社会权力都属于公共权力的范畴，本书讨论的也主要是公共权力。私人权力主要是指个体权力，主要与人权、物权等联系在一起，更多的时候私人权力体现为一种权利。另外，许多学者还从各自的学科出发，采取不同的划分方法，对权力进行了分类。如《不列颠百科全书》中把权力分为政治权力、议员权力、教导权力、个人影响力、暴力、经济权力、专门知识权力、咨询影响力八种基本类型。丹尼斯·朗在其《权力论》中将权力区分为“作为作用于世界的一般能力的权力和作为特定社会关系的权力”[①]。罗素也将权力分为僧侣的权力、国王的权力、赤裸的权力、革命的权力、经济的权力以及支持舆论的权力等。[②] 有学者根据权力客体对主体的服从状况把权力的存在形态分为潜在的权力、明示的权力和实现的权力。所谓潜在的权力就是尚未施发的权力；明示的权力即已经明示但尚未被服从的权力；而实现的权力是指主体的命令被客体接受，主体的意志已经得到实现的现实的权力。[③] 还有学者从法学的角度出发，按权力的来源不同将权力分为革命的权力、传统的权力以及宪法的权力；还有按照权力的形式不同将政治权力进一步细分为立法权、行政权和司法权；按权力的关系不同将权力分为对人的权力、对物的权力以及精神的权力，等等。[④]

（四）权力与相关范畴

权力是一个复杂的概念，它与其他的社会范畴有着密切的关系，完整理解权力的概念，必须进一步了解权力与权利、权力与资本、权力与能力的关系，从权力与相关范畴的关系中，可以进一步加深我们对权力的认识。

---

① ［美］丹尼斯·朗：《权力论》，陆振伦、郑明哲译，中国社会科学出版社 2001 年版，第 12 页。

② 具体内容请参见［英］伯特兰·罗素《权力论》，靳建国译，东方出版社 1988 年版。

③ 参见林喆《权力腐败与权力制约》，法律出版社 1997 年版，第 15—17 页。

④ 参见周永坤《规范权力——权力的法理研究》，法律出版社 2006 年版，第 140—141 页。

1. 权力与权利

权利和权力是两个紧密相关而又截然不同的概念。权利是指公民在物质上和精神上所享有的合法权能和利益。从两者的主体来看，权利的主体是现实的人，而权力主体是权力的所有者，权力的客体则正是权利的主体。在西方政治思想史上，对权力和权利的本原问题曾有过争议，如权力本原说认为权力产生权利，古代中国的"君权神授"就属于这类观点，认为人民的权利来自君主的恩赐。在现代社会，这种观点已经没有存在的基础，权利是权力的本原已经得到了学界的公认。

就权利和权力的关系来说，第一，权利是权力的基础。政治权力来源于个人权利，合法的权力必须经过人民的"授权"，任何政府权力都是以公民的权利让渡为前提的，这是法治社会的基本特征之一。这一思想在西方由来已久，但在国内一直争议较大，郭道晖教授在 20 世纪 90 年代曾撰文提出："权利与权力是相互依存的，人权与人民权力是法定权利的前提，公民权利是国家权力的基础，政府权力是由公民的权利和人民的权力所派生的。"① 此文后来遭到过激烈批判，曾被人指为："是为资本主义辩护，没有超出资产阶级理论形态的范畴。"② 不过，社会终究是不断在向前进，时至今日，反对的声音逐渐消失，人们的认识也渐趋统一。无疑，公民权利是政府权力的基础，公民权利不是来自政治权力的恩赐，而是政治权力存在的前提已经成为共识。正如列宁所说："什么是宪法？宪法就是一张写着人民权利的纸。真正承认这些权利的保证在哪

① 郭道晖：《权利与权力的对立统一》，《法学研究》1990 年第 4 期。

② 光尚然：《评〈法的时代精神〉（五）》，《当代法学》1999 年第 1 期。

里呢？在于人民中那些意识到并且善于争取这些权利的各阶级的力量。”① 第二，权力必须以保障权利为目的。在现代社会，政府的权力是为人民服务的，而不是人民为政府权力服务，权力的目的就在于保障人民的权利不受侵犯。对此，洛克在其《政府论》下篇中最早做过一番经典的论述：“政治权力是每个人交给社会的他在自然状态中所有的权力，由社会交给它设置在自身上面的统治者，附以明确的或默许的委托，即规定这种权力应用来为他们谋福利和保护他们的财产。……当它为官吏所有的时候，除了保护社会成员的生命、权利和财产以外，就不能再有别的目的或尺度。”② 第三，权利是权力的界限。由于权力的存在就在于要保障权利，所以在权力的运行过程中，就必然要把权利作为权力作用的边界，不能越位运行。公民的权利是受宪法保护的，公共权力行使的边界，应始终以法律的限定为界限。没有边界的权力，其行使必然是非法的。在法律没有规定权力进入的领域，权力不能随意对公民的权利进行侵犯，不管这种侵犯的出发点是怎样的。现代社会是一个强调权利的时代，从权利和权力的应然关系来看，应强调权利本位，权力本位注定要被历史抛弃。

2. 权力与资本

资本是一种强大的经济力量，是人类发展的物质条件，在历史上，它起到了推动技术进步和社会发展的作用。资本力量的体现始于资本主义时期，资本主义在它不到100年的阶级统治中所创造的生产力，比过去一切时代创造的

① 《列宁全集》第12卷，人民出版社1987年版，第50页。

② ［英］洛克：《政府论》下篇，瞿菊农、叶启芳译，商务印书馆1964年版，第105页。

全部生产力还要多，还要大。同时，从它显示力量的那一刻起，它就开始了向其他领域的扩张。并且，追求利益是它的特性，它也从未停止过对人的控制和剥削，这就是人们常认为的“资本恶”的一面。正如马克思所说：“资本来到世间，从头到脚，每个毛孔都滴着血和肮脏的东西。”[①] 出于对资本的恐惧，人们就常借用马克思的说法，声称应该消灭资本。虽然马克思也曾提到消灭资本的必要性，但那不是现在，而是到社会物质条件极大丰富的共产主义时期。目前，不仅经济比较发达的资本主义国家需要它，还处于“前现代向现代社会转型”的社会主义中国更需要它。因此，同权力一样，资本也是现代社会不可或缺的一个基本要素。

从现代社会的发展来看，权力和资本的结合是一个必然的趋势。从二者的作用范围来看，资本的力量不仅体现在经济领域，而且日益渗透到政治领域和社会领域。甚至在国际社会还存在这样一个趋势，就是一些大的经济组织可以通过对一国的资本控制达到对其经济以及政治的影响目的，20 世纪 90 年代末的亚洲经济危机鲜明地体现了这一点。权力的作用范围前面已经讨论过，依此看来，由于二者作用领域的互相交叉，权力和资本的结合根本无法避免。这一结合如果不加控制，就可能导致权力的资本化，也就是政治权力与经济权力勾结，利用市场体制缺陷和管理不规范，通过设定市场游戏准则、垄断一定的资源、盗窃公共财产达到实现权力资本的价值增值的目的，使公共利益受到损害。权力资本化的现象曾广泛出现在南美洲、

① 《马克思恩格斯全集》第 23 卷，人民出版社 1972 年版，第 829 页。

印度尼西亚、俄罗斯等一些国家和地区，并对这些国家和地区的长远经济发展造成了很大伤害。[①] 许多学者都意识到，资本先天具有掠夺性、侵略性、压迫性，现有法律体系无法对其进行有效制约，再加上它的恶性扩张的本能，容易对其他权力主体的根本利益形成危害。如果不能从根本上遏制这一势头，它将成为建设和谐社会的极大障碍。[②] 因此，对资本的合理利用和适当控制是一个亟待解决的问题，这里需要的就是发挥政府权力的宏观调控职能，而不是对资本进行微观控制，这才是使权力和资本合理结合的有效手段。

3. 权力与能力

能力，是人的综合素质在现实行动中表现出来的正确驾驭某种活动的实际本领、能量，是实现人的价值的一种有效方式，也是社会发展和人生命中的积极力量。[③] 传统中国是一个重视地位、身份等非能力因素，强调权本位、官本位的社会，个人的能力及才干得不到应有的重视。从权力和能力的关系来说，权力凌驾于能力之上，个人价值不是通过能力高低，而是通过他的身份、地位，通过他手中的权力大小来体现。因而，在传统中国社会，个人的自主性和创造性得不到发挥，独立人格遭到压制，整个社会缺乏活力，权力和能力的关系遭到了严重扭曲。在现代社会，市场经济崇尚竞争，其内在要求是个人要凭借能力立

① 参见吴木銮《需对权力资本化保持警惕》，《人民论坛》2008年第2期。

② 参见宣华华《资本权力岂能无限扩张》，《中国审计报》2006年9月4日。其他类似论述请参见马郑刚《严防权力资本化》，《中国监察》2005年第11期；卫功琦：《权力资本化的诱因与对策》，《河北经贸大学学报》1996年第1期；刘亢、田刚、黄豁：《“权力资本化”的畸变轨迹》，《瞭望》2005年第22期。

③ 参见韩庆祥《能力建设与当代中国发展》，《中国社会科学》2005年第1期。

足于社会。能力理念，正是针对权力本位这种非能力因素造成的不公正而提出来的一种强调机会、分配和结果公正的理念。能力理念包括以下基本内容：第一，作为一种价值导向，它反对“权力本位”、“关系本位”和“金钱本位”等外在本位价值观，主张人要根据和依靠自身的能力来取得相应的业绩和收获，也就是把能力作为最根本的价值取向。第二，作为一种资源配置和整合的方式，能力理念强调每个人都能实现能力和贡献相匹配，能力和岗位相一致，岗能相配、按能配岗。第三，作为一种思维导向，能力理念强调的是后天作为，弱化先天给定和身份前定论；强化的是做事能力，弱化的是琢磨人的能力；强调人的内在道德和能力的提高，否定有才无德理念。这里需要强调的是能力理念并不是个人本位，能力理念强调的是每个人的独立人格、主体性和创造性，注重人的自身能力的提高，而不是强调忽视社会和他人的个人主义。[①] 很明显，能力理念首先强调的是人与人之间的平等，要求所有人在公正的环境下进行竞争，提倡机会公正；其次，强调资源配置要靠能力而不是靠权力，尤其是对于人才资源的配置，强调人们在竞争过程中，要有平等的规则，提倡规则公正；强调人在社会立足要凭能力和业绩，而不是靠其他外在的因素，强调有为必有位，强调付出和收获成正比，提倡结果公正。简而言之，能力理念本质上是强调机会公正、规则公正和结果公正的一种理性价值观。因此，要消解当前我国社会发展中权力本位和金钱本位的价值观所造成的社会不公平现象，就应该大力提倡能力本位的价值

① 参见韩庆祥《政治哲学视野的“中国问题”及其解决路径——公正为基的能力主义》，《中国社会科学内刊》2008 年第 1 期。

观，让大家可以各尽所能、各得其所，使整个社会充满活力，走上良性发展的轨道。

二　权力结构界定

结构这一概念来源于控制论，控制论在对事物进行整体性考察时，把它们称作系统，而事物的组成要素及其相互关系，则称为系统结构。结构分析方法最初在自然科学中得到应用，如大家都了解的对物质分子结构的研究。近代以来，结构分析方法成为研究事物整体特征的一般方法，各个研究领域迅速采用了这种方法。本书也是秉承这一方法论，从宏观的社会结构入手，对中国的权力结构进行研究。

（一）社会结构与权力结构

社会结构是权力结构的产生土壤，权力结构与社会结构紧密相关。通过分析权力结构与社会结构的关系，可以使我们对权力结构的含义有一个准确的把握。

1. 社会结构

社会结构这一概念，哲学、社会学、政治学、经济学等许多学科都在使用，但很多人对其科学含义并不十分清楚。马克思主义关于社会结构的观点有广义和狭义两种：广义的社会结构，是从宏观意义上来理解，把社会分成几个基本领域，包括经济领域、政治领域、文化领域和微观社会领域几个部分，社会结构就表征着这几个领域之间相互依存、相互制约的关系。而狭义的社会结构则是从微观意义上来界定，主要是指各社会群体之间相互依存的基本关系，主要有阶级、阶层、职业群体、宗教团体、社团组织等。

本书的研究着眼于广义的社会结构。在马克思主义看来，社会结构就是人们在社会实践中形成的社会关系结构，社会结构的特点受到社会实践的制约，社会实践的状态决定着社会结构的状态。因此，考察社会结构必须从认识社会实践入手。马克思在《〈政治经济学批判〉序言》中写道："人们在自己生活的社会生产中发生一定的、必然的、不以他们的意志为转移的关系，即同他们的物质生产力的一定发展阶段相适合的生产关系。这些生产关系的总和构成社会经济结构，既有法律的和政治的上层建筑竖立其上并有一定的社会意识形式与之相适应的现实基础。"[①] 社会结构的各领域之间处于动态的稳定之中，其力量对比并不平衡，在社会的各个基本领域中，经济领域对于社会的政治、文化等具有决定性的影响和制约作用，它是社会的经济基础。其他社会领域之所以能够结合为一个有机整体，经济基础是关键，在经济基础上建立起来的政治、法律制度以及各种意识形态构成上层建筑领域的各个部分，对经济基础具有能动的反作用。但是，社会结构的属性也并非经济基础单方面所能决定的，"技术和经济的迫切需求本身不足以解释社会结构及其变化"，"社会结构的变化显然不完全取决于经济的变化"[②]。还有学者指出："构成并维系一个统一的社会需要三方面的要素，即统一

① 《马克思恩格斯全集》第13卷，人民出版社1962年版，第8页。

② ［法］克洛德·泰洛特：《父贵子荣：社会地位和家庭出身》，殷世材、孙兆通译，社会科学文献出版社1992年版，第59—60页。

的经济或曰统一的市场，统一的文化，统一的政治权威。三者中任何一方面受到削弱都意味着社会的统一性受到削弱。”① 历史上也曾有人把马克思、恩格斯的经济基础决定上层建筑理论片面地理解为经济决定论，对此恩格斯在晚年专门做出了澄清。“青年们有时过分看重经济方面，这有一部分是马克思和我应当负责任的。我们在反驳我们的论敌时，常常不得不强调被他们否认的主要原则，并且不是始终都有时间、地点和机会来给其他参预交互作用的因素以应有的重视。……在这方面，我是可以责备许多最新的‘马克思主义者’的；这的确也引起过惊人的混乱。”② 实际上，根据历史唯物主义原理，经济、政治、文化、社会等诸因素相互适应的社会结构才是稳态的社会结构，一旦社会结构的各个部分之间的适应状态遭到破坏，社会结构的稳定状态也就不复存在，社会形态就会随之发生更迭。

2. 权力结构和社会结构的关系

社会结构的各领域之间是相互依存的关系，而这种关系的存在有赖于各部分之间力量的相互制约，这些领域间的制约力量就是我们前面所提到的经济权力、政治权力、社会权力等，而权力结构就表征着这些领域间权力的相互制约关系。值得一提的是，权力结构这一概念在政治学那里通常指的是政治权力的结构，比如大家所熟知的西方的行政、立法、司法三权分立的政治权力结构，属于微观的权力结构。如前所述，笔者在这里主要是从哲学层面上对权力结构进行研究，是从宏观意义、从权力结构与社会结

① 参见 Edward Shils, *The Constitution of Society*, the University of Chicago Press, 1982, pp. 3-68。

② 《马克思恩格斯全集》第 37 卷，人民出版社 1971 年版，第 462—463 页。

构的关系上来考察权力结构。权力结构与社会结构的关系如下。

第一，权力结构蕴含于社会结构之中。当把权力置于宏观的社会层面进行考察的时候，我们就会发现，“权力是非人格化的社会结构的产物，而不是权力主体及其目的或欲望的产物。权力来自社会结构，某种特定的权力来自社会结构中的某个特定的位置”[①]。这也就是说，社会结构是权力结构存在的基础，权力结构是从社会结构中产生出来的。有什么样的社会结构，必然也会有相应的权力结构与之相适应，同时，社会结构的属性也必然在权力结构上表现出来。传统中国的社会结构具有高度的稳定性，封建专制社会在中国存在了 2000 多年，相应地，传统中国的权力结构也具有高度的稳定性，王权至上的传统权力结构的消极影响至今还难以完全消除。这在后面要进行专门论述，这里不再赘述。

第二，权力结构是社会结构各部分之间力量的体现。作为社会结构属性最显著的体现，权力结构表征着社会结构各部分力量的对比情况。从人类社会历史来看，在古代社会，经济领域的作用相对较小，包括血缘、习俗、宗教、政治等在内的非经济因素作用较大，经济活动往往从属于非经济的目的。尤其是古代中国，政治因素在社会结构中处于主导地位，政治领域统摄了其他社会领域，政治力量始终凌驾于经济权力之上，经济权力总是依附、受制于社会政治权力。而在现代社会，经济权力得以摆脱对政治权力的依附而日益独立，经济因素、经济权力才产生比

① 康晓光：《权力的转移——转型时期中国权力格局的变迁》，浙江人民出版社 1999 年版，第 51 页。

较大的作用。同时，其他领域的力量也逐渐体现出来，如公民社会的力量，就作为一种民主权力开始对政治权力形成制约。

第三，权力结构的变迁受到社会结构的变迁的制约。权力结构和社会结构的关系还表现在，当社会结构转型时，权力结构也随之发生变迁。观察中国过去30多年来的社会变迁我们便可发现，随着政治领域力量的减弱，经济领域与社会领域的力量正在加速成长，原来政治领域统摄其他社会领域的单极社会结构正在迅速瓦解。与此同时，中国的权力结构也相应发生了变迁，权力多极化格局正在形成，市场经济、公民社会以及服务型政府在各自的领域产生相应的作用，与市场经济对应的经济权力、公民社会对应的民主权力、服务型政府对应的公共权力相互制约的新型权力结构已显露雏形。

（二）权力结构的一般历史形态

在世界历史中，社会结构具有多种多样的形态，与之相适应的权力结构形态也是千差万别，即便是在大致相同的生产力水平下，其社会结构及权力机构也不尽相同。就如列宁所说："国家形式是多种多样的。在奴隶占有制时期，在当时最先进、最文明、最开化的国家内，例如在完全建立于奴隶制之上的古希腊和古罗马，已经有各种不同的国家形式。那时已经有君主制和共和制、贵族制和民主制的区别。"① 因此，要对古今中外的所有社会形态下的权力结构做详细区分是很难的，我们可以按照权力的集中程

① 《列宁全集》第37卷，人民出版社1986年版，第67页。

度把其大致划分为集权型的权力结构和分权型的权力结构，这里笔者仅选择人类历史上几个典型的例子加以说明。需要强调的是，这里提到的集权和分权有别于政治学意义上的“三权分立”，政治学所指的分立主要是政治权力的分解，而笔者这里所说的分权是指前面所述的权力在领域间的分解，指的是权力是集中在政治领域还是在各个领域间合理分解。

先来看西方社会。西方分权思想由来已久，可以追溯到古希腊时期，相应的西方的原始分权制国家形态也可以在古希腊时期找到原型。在古希腊那些星罗棋布的城邦国家中，已经具有了令现代人难以置信的相当发达的民主生活及完备的国家机构。它们有所谓的每个公民都有权参加的“公民大会”，并且由于国家非常“袖珍”，它们甚至可以实行“直接民主”，即可以由全体公民来决断国家事务，因此恩格斯曾经把雅典国家称为古代“高度发展的国家形态，民主共和国”。[①] 东方式的专制主义大帝国，很为古希腊的哲人和官吏们所蔑视。在这一时期，由于没有真正意义上的经济领域，国家权力主要分散在政治领域和社会领域之间。另外，这一时期的社会领域只是名义上的，因为它们的所谓“公民”只是社会总人口的小部分，妇女和奴隶是没有资格的，我们可以把其看作西方分权型权力结构的原始形态。西方社会真正意义上的分权型权力结构的出现是近代资本主义萌芽以后的事情，资本主义的出现，使经济领域逐渐获得独立，关于市民社会的发展前面已经做过论述。随着经济领域和社会领域力量的逐步加强，西方

---

① 《马克思恩格斯全集》第 21 卷，人民出版社 1965 年版，第 136 页。

分权型的国家形态和权力结构逐渐形成。分权制的根本意义在于领域间的良性互动，美国是一个比较典型的现代意义上的分权型国家，相对于其他西方国家，其权力在社会各领域间的分散更为明显，因此马克思称“现代国家的最完善的例子就是北美”[①]。在现代社会，西方发达国家的权力结构大都体现出了分权型的特点。

再来看中国社会。传统中国是一个典型的集权型国家，几千年的封建社会，造就了中国大一统式的绝对集权的专制主义政治体制，这一点与古代西方松散的贵族分封制极为不同。“中国传统社会结构，是一个宗法性、封闭性、同质性的一体化结构。但它与其他传统社会结构相比较，最重要的特征在于它的稳定性。它不是一般的相对稳定，而是高度稳定。这表现在组成中国传统社会结构基本框架的小农生产方式的经济结构，大一统的中央集权君主专制的政治结构，以父权家长制家族为社会基本单元和等级制的社会实体结构，以宗法伦理道德为核心的文化价值体系结构，安土重迁、聚族而居和以食为天的生活方式结构等。”[②] 韩庆祥教授把中国的传统社会结构比喻成一个金字塔式的社会层级结构，而当代中国问题的根源就在于这个“权力至上的、自上而下的、高低有差的、‘金字塔’式的社会层级结构及其权力运作体制”[③]。社会层级结构的本义是指，在传统社会的政治国家内部，依据权力至上而形成的权力级别阶梯和权力层级结构。这一价值准则被应用到

① 《马克思恩格斯全集》第3卷，人民出版社1960年版，第70页。

② 汪业周：《政治哲学视野的社会层级结构研究》，博士学位论文，中共中央党校，2008年。

③ 韩庆祥：《社会层级结构与以人为本—— 一种政治哲学的分析》，《中共中央党校学报》2007年第1期。

经济、社会和文化等领域之后，指根据人们拥有的权力大小、地位高低、身份有别建立起相应的社会关系。这一传统社会层级结构的特征是："在权力结构上，政治力量过大，经济力量、社会力量、文化力量微弱；在权力运作方式上，政治权力至上、权力自上而下运作、逐级管制而对其缺乏有效制约。"①

下一章，笔者就来对中国传统的权力结构进行全面分析。

（三）三元结构理论与恩格斯的"合力论"

这两个理论是本书采用的主要分析工具，本书就是运用这两个理论工具，从宏观的社会结构入手，对蕴含于其中的权力结构进行分析，进而提出本书的核心观点。

1. 三元结构理论

这一理论来源于当代市民社会理论提出的一种三元分析框架，这一分析框架把现代社会分解为经济、政治和社会三大领域，我们可以通过追溯近代市民社会理论的发展来深入了解这一框架。

"市民社会"这一概念最早是由黑格尔提出来的，黑格尔第一个将市民社会作为政治社会的对立概念对二者进行了区分，进而把市民社会与国家区分开来，"市民社会是处在家庭和国家之间的差别的阶段……它必须以国家为前提，而为了巩固地存在，它也必须有一个国家作为独立

---

① 韩庆祥：《社会层级结构理论——面向"中国问题"的政治哲学》，《中国社会科学》2009年第1期。

的东西在它面前"[①]。后来的学者把市民社会概念总结为"表示国家控制之外的社会和经济安排、规则、制度","是指当代社会秩序中的非政治领域"[②]。在黑格尔看来,市民社会是与家庭和政治国家相对的概念,是处于家庭和国家之间的地带。M. 里德尔认为:"透过市民社会这一概念,黑格尔向其时代观念所提出的问题不亚于近代革命所导致的结果,即通过政治集中而在君主……国家中产生了非政治化的社会,将关注重心转向了经济活动。正是在欧洲社会的这一过程中,其'政治的'与'市民的'状态第一次分离了,而这些状态于此之前(即传统政治的世界中),指的是同一回事。"[③] 总结黑格尔市民理论的最大贡献,就是他的市民社会理论确立了"国家—社会"的二元结构,不过由于历史的局限,黑格尔的这一区分是在坚持国家高于市民社会的前提之下,而非立于国家和市民社会良性互动的基础之上的。

在黑格尔之后,哈贝马斯进一步发展了市民社会理论。他把黑格尔的"市民社会"做了分解,将其划分为"狭义的市民社会"(经济领域)和"真正的公共领域"。在他看来,由于市场经济的蓬勃发展,现代国家与社会进一步分离,"对于私人所有的天地,我们可以区分出私人领域和公共领域。私人领域包括狭义的市民社会,亦即商品交换和社会劳动领域,家庭以及其中的私生活也包括在其

① [德] 黑格尔:《法哲学原理》,范扬、张企泰译,商务印书馆1996年版,第197页。

② [英] 戴维·米勒、韦农·波格丹诺:《布莱克维尔政治学百科全书》,邓正来译,中国政法大学出版社1992年版,第125、126页。

③ M. Riedel: "The Concept of 'Civil Society' and the Problem of its Historical Origin", in Z. A. Pelczynski, ed., *The State and Civil Society*, pp. 3-4.

中。……私人领域当中同样包含着真正意义上的公共领域，因为它是由私人组成的公共领域”①。在这里，哈贝马斯实际上已经提出了“公共领域—经济领域—政治国家”的三元分析结构的基本模型。此后，美国学者柯亨和阿拉托明确把“经济领域”从“市民社会”中分离出去，并在其《市民社会与政治理论》一书中对各部分的成分做了详细区分，“把‘市民社会’理解成为经济与国家之间的社会互动领域，它首先是由私人领域（尤其是家庭）、结社的领域（尤其是自愿结社）、社会活动，以及各种公共交往形式构成的”②。在市民社会的各成分中，“对民主化最为重要的不仅仅是哈贝马斯所强调的进行自由交往的‘公共领域’，还包括人们能直接参与的、从而能亲自体验和学习民主的志愿性结社。由于这种结社是志愿的，又是有组织的，因而能更有效地对行政系统和经济系统施加影响。市民社会并不要求‘控制’或‘统治’政治领域或经济领域，但是市民社会也不是无所作为的，它要求通过政治社会和经济社会的中介，在不妨碍经济和国家的自主运行逻辑的前提下，对它们施加影响。在当代发达国家内部，民主革命如果要继续的话，其中心不在别处，就在市民社会”③。至此，市民社会就获得了它的现代形态——公民社会，经济领域—公民社会—政治国家的三元分析模式也正式形成。当然，上述过程说明的是其理论的演变，根本原因还在于现代社会经济和政治的进步与发展。在现代

---

①［德］哈贝马斯：《公共领域的结构转型》，曹卫东译，学林出版社 1999 年版，第 35 页。

② 童世骏：《“后马克思主义”视野中的市民社会》，《中国社会科学季刊》1993 年 11 月。

③ 同上。

国家，政治权力对经济和社会的干预日益加强，同时，经济力量也比以往时代对国家和社会产生的影响都要明显，而社会领域的自主性遭到了严重挑战。20 世纪 70 年代以来，随着一系列“新社会运动”的兴起，非政府组织得到了迅速发展，它们在发达国家内部以及国际舞台上开始发挥越来越大的作用，成为一种日益重要的“社会力量”。[①]这种三元分析模式正是对这一社会现实的理论回应。

2. 恩格斯的“合力论”

人类历史的发展，是无数个相互交错的力量和意志融合产生的结果，是一个由低级向高级不断演变的进程，是客观规律和人的自觉能动性相统一的过程。恩格斯运用力学平行四边形法则的合力概念，描述了历史进程中各种因素的相互关系及作用，为我们揭示了社会发展的内在动力机制。

“合力论”思想的形成不是一蹴而就的，以往的看法认为，“合力论”思想是恩格斯晚年为反驳“经济决定论”才提出来的，其实并非如此，这一思想的形成也经历了一个历史过程。马克思在 1846 年致安年柯夫的信中就曾谈道：“社会——不管其形式如何——究竟是什么呢？是人们交互作用的产物。”[②] 恩格斯也认为：“相互作用是事物的真正的终极原因。我们不能追溯到比对这个相互作用的认识更远的地方，因为正是在它背后没有什么要认识的了。”[③] 马克思在《1857—1858 年经济学手稿》中还曾指

① 参见康晓光《权力的转移——转型时期中国权力格局的变迁》，浙江人民出版社 1999 年版，第 12 页。

② 《马克思恩格斯全集》第 27 卷，人民出版社 1972 年版，第 477 页。

③ 《马克思恩格斯全集》第 20 卷，人民出版社 1971 年版，第 574 页。

出："流通是这样一种运动……这一运动的整体虽然表现为社会过程，这一运动的各个因素虽然产生于个人的自觉意志和特殊目的，然而过程的总体表现为一种自发的客观联系；这种联系尽管来自自觉个人的相互作用，但既不存在于他们的意识之中，作为总体也不受他们支配。他们本身的相互冲突为他们创造了一种凌驾于他们之上的他人的社会权力；他们的相互作用表现为不以他们为转移的过程和强制。"[①] 在这一时期，马克思和恩格斯在考虑历史发展的动力机制时，已经开始把各种历史因素考虑在内，认为社会发展是历史的各种力量一起共同形成的，这正是唯物史观的一个基本要求。

恩格斯在晚年，为了批判片面强调经济决定作用、离开人们的历史创造活动去理解历史规律、试图凭自己所理解的主要原理去解释历史的错误认识，进一步完善了"合力论"思想。他在《路德维希·费尔巴哈和德国古典哲学的终结》中指出："历史进程是受内在的一般规律支配的。即使在这一领域内，尽管各个人都有自觉期望的目的，在表面上，总的说来好像也是偶然性在支配着。人们所期望的东西很少如愿以偿，许多预期的目的在大多数场合都彼此冲突，互相矛盾，或者是这些目的本身一开始就是实现不了的，或者是缺乏实现的手段的。这样，无数的个别愿望和个别行动的冲突，在历史领域内造成了一种同没有意识的自然界中占统治地位的状况完全相似的状况。行动的目的是预期的，但是行动实际产生的结果并不是预期的，或者这种结果起初似乎还和预期的目的相符合，而到了最

① 《马克思恩格斯全集》第46卷上，人民出版社1979年版，第145页。

后却完全不是预期的结果。……人们通过每一个人追求他自己的、自觉期望的目的而创造自己的历史，却不管这种历史的结局如何，而这许多按不同方向活动的愿望及其对外部世界的各种各样影响所产生的结果，就是历史。”① 在他看来，正是这无数历史力量的交互作用，在推动人类历史不断向前发展。恩格斯把复杂的历史事变通过无数个人意志的交互作用描述出来，这种交互作用，包括相互交融、相互冲突、相互牵制、相互补充等多种情况的综合，而并非各种意志力量的简单相加。

在随后的1890年，当柏林大学数学系的学生约·布洛赫就这一问题写信向恩格斯求教时，恩格斯对这一问题进一步做了详细的阐述。信中问道：“请允许再向您提出一个问题。根据唯物主义历史观，现实生活的生产和再生产是历史过程中的决定性因素。这个原理应当如何理解？是否可以这样理解：经济关系是唯一的决定性因素，或者经济关系只是在一定程度上构成其他一切关系的固定的基础——虽然这些关系本身然后也可以发生作用？……因此，我想请教您，按照唯物主义历史观，经济关系到处地、直接地、唯一地和完全不依靠于人地，像自然规律一样，不变地和不可避免地发生作用，或者说，其他的关系——当然，它们归根到底决定于经济关系——本身能够加速或阻止历史发展的进程，实际情况是这样吗？”② 约·布洛赫信中所提问题的实质在于——肯定现实生活的生产和再生产是历史过程的决定性因素，是否就表示对个人在历史进程

① 《马克思恩格斯全集》第21卷，人民出版社1965年版，第341—342页。

② 《恩格斯和马克思主义》编写组：《恩格斯和马克思主义》，中国人民大学出版社1985年版，第284页。

中的作用的否定；或者，如果承认个人创造历史的作用，是否就意味着对历史唯物主义一元论的否定。

在给约·布洛赫的回信中恩格斯是这样说的："根据唯物史观，历史过程中的决定性因素归根到底是现实生活的生产和再生产。无论马克思或我都从来没有肯定过比这更多的东西。如果有人在这里加以歪曲，说经济因素是唯一决定性的因素，那末他就是把这个命题变成毫无内容的、抽象的、荒诞无稽的空话。"[①] 并且，"我们自己创造着我们的历史，但是第一，我们是在十分确定的前提和条件下进行创造的。其中经济的前提和条件归根到底是决定性的。但是政治等等的前提和条件，甚至那些存在于人们头脑中的传统，也起着一定的作用，虽然不是决定性的作用……"[②] 在恩格斯看来，马克思和他只是在归根到底的意义上主张经济因素是历史过程的决定性因素，并不导致否认其他因素对历史过程的作用，在这里明确了经济因素的决定性，主要是为了强调经济力量是其他因素的前提和基础，而非弱化其他因素的作用，并且，经济、政治、法律等因素的作用是通过人们的活动实现的，不能把它们的作用与人们自己的历史创造活动割裂开来。

从上述观点出发，恩格斯接着指出："经济状况是基础，但是对历史斗争的进程发生影响并且在许多情况下主要是决定着这一斗争的形式的，还有上层建筑的各种因素：阶级斗争的各种政治形式和这个斗争的成果——由胜利了的阶级在获胜以后建立的宪法等等，各种法权形式以及所有这些实际斗争在参加者头脑中的反映，政治的、法

---

① 《马克思恩格斯全集》第37卷，人民出版社1971年版，第460页。

② 同上书，第461页。

律的和哲学的理论，宗教的观点以及它们向教义体系的进一步发展。这里表现出这一切因素间的交互作用，而在这种交互作用中归根到底是经济运动作为必然的东西通过无穷无尽的偶然事件（即这样一些事物，它们的内部联系是如此疏远或者是如此难于确定，以致我们可以忘掉这种联系，认为这种联系并不存在）向前发展。”① 在1894年给瓦·博尔吉乌斯的信中，恩格斯更是强调了这一观点：“政治、法律、哲学、宗教、文学、艺术等的发展是以经济发展为基础的。但是，它们又都相互影响并对经济基础发生影响。并不是只有经济状况才是原因，才是积极的，而其余一切都不过是消极的结果。这是在归根到底不断为自己开辟道路的经济必然性的基础上的互相作用。”②

在此基础上，为了全面阐发“合力论”思想，恩格斯进一步进行了论述：“历史是这样创造的：最终的结果总是从许多单个的意志的相互冲突中产生出来的，而其中每一个意志，又是由于许多特殊的生活条件，才成为它所成为的那样。这样就有无数互相交错的力量，有无数个力的平行四边形，而由此就产生出一个总的结果，即历史事变，这个结果又可以看作一个作为整体的、不自觉地和不自主地起着作用的力量的产物。因为任何一个人的愿望都会受到任何另一个人的妨碍，而最后出现的结果就是谁都没有希望过的事物。所以以往的历史总是像一种自然过程一样地进行，而且实质上也是服从于同一运动规律的。但是，各个人的意志——其中的每一个都希望得到他的体质和外部的、终归是经济的情况（或是他个人的，或是一般

① 《马克思恩格斯全集》第37卷，人民出版社1971年版，第460—461页。

② 《马克思恩格斯全集》第39卷，人民出版社1974年版，第199页。

社会性的）使他向往的东西——虽然都达不到自己的愿望，而是融合为一个总的平均数，一个总的合力，然而从这一事实中决不应作出结论说，这些意志等于零。相反地，每个意志都对合力有所贡献，因而是包括在这个合力里面的。”[①] 至此，恩格斯全面阐述了“合力论”思想，找到了社会发展的动力来源，推动社会发展的力量根源就是经济基础，同时，政治、文化、意识形态、传统等因素形成的力量，在经济基础之上形成一股强大的合力，共同推动着社会向前发展。“合力论”思想可以概括为以下三个方面：第一，历史发展是经济因素、上层建筑因素以及其他社会因素互相交织、共同作用的结果；第二，创造历史的力量体现为各种社会力量的总和；第三，在各种力量里面，经济力量是基础和关键。

用“合力论”分析社会机构和权力结构，我们可以发现，作为社会结构的三个组成部分，经济领域、政治领域、社会领域形成了一个有机整体，这些领域的力量只有融会在社会这个大系统里共同作用，才能有效发挥各自的作用，离开社会这一整体，单凭任何一极力量都无法对社会进步形成影响。正如黑格尔所说的：“肉体上各个器官肢体之所以是它们那样，只是由于它们的统一性，并由于它们和统一性有联系。譬如一只手，如果从身体上割下来，按照名称虽仍然可叫做手，但按照实质来说，已不是手了。”[②] 这些领域所具有的力量交互作用，汇成一股合力，组成了社会发展的动力机制。如前所述，这种交互作用，包括相互交融、相互冲突、相互牵制、相互补充等多

① 《马克思恩格斯全集》第 37 卷，人民出版社 1971 年版，第 461—462 页。

② ［德］黑格尔：《小逻辑》，贺麟译，商务印书馆 1980 年版，第 405 页。

种情况的综合，而并非各种力量的简单相加。合理的权力结构所起的作用就在于，有效减少领域间力量的相互冲突，从而使这一合力达到最大化。

3.“合力论”与“三元结构理论”对中国社会的普适性分析

关于恩格斯的合力论思想对中国社会的普适性不存在什么异议，作为恩格斯晚年对历史唯物主义进一步阐述的成果，历史合力论围绕人与社会历史的关系这一主题，深刻地阐述了人类历史的发展动力问题。从历史合力论来看，历史是无数人们有目的的社会实践活动产生的合力创造的，但同时，人类历史的发展过程又是一个不以个人意愿为转移的客观历史过程。合力论体现了历史进程是客观规律与个人意志合力的统一，同时还体现了必然性和偶然性、一般性和特殊性的统一，表明了创造历史的主体力量是广大的人民群众。恩格斯的“合力论”把历史看作多种力量和因素相互作用的过程和结果，坚持了历史唯物主义和历史辩证法的统一，是我们分析历史问题的一个基本工具。这一分析工具不仅适用于西方社会，也适用于东方社会；不仅可以用来分析传统社会，在现代社会也同样具有普适性。

作为现代市民社会理论的三元结构理论，其理论根基和现实土壤都来自西方社会，主要用来描述在发达的市场经济条件下，经济、政治、社会三大领域良性互动及相互作用的关系，这一分析模式对中国社会是否适用，的确值得我们进行深入思考。改革开放以前的中国社会，采用的是与计划经济体制相适应的高度集权的政治体制，国家与社会、政治领域与经济领域处于高度的一体化状态，经济和社会领域完全服从于政治。虽然政府的控制在这一时期无处不在，但这三大领域依然可以区分开来，只是这一时期的经济领域是以计划经济为主，而社会领域的影响力则更为微弱。事实上，“中国的现实与三元分析模式之间的差异，不在于社会领域的分化，而在于三个领域的权力格局”[①]。改革开放以后，随着市场经济的确立，我国的社会领域也逐渐具有了独立性，开始发挥自身的作用，这三大领域的界限越来越清晰。当代中国社会处在结构转型期，这一分析模式对我们反思传统的权力结构以及构建新型权力结构具有借鉴意义。

① 康晓光：《权力的转移——转型时期中国权力格局的变迁》，浙江人民出版社1999年版，第56页。

第二章

中国传统的权力结构与权力运作方式

研究中国权力结构的转型，首先要对中国传统的权力结构有一个清晰的认识。因此，本章立足中国历史，通过对传统权力结构形成的历史基础、演变过程、基本特征的考察，进一步分析传统权力结构的历史作用，从而揭示出传统权力结构影响下的权力运作方式存在的问题。这对于挖掘“中国问题”产生的根源，深刻把握传统中国的政治特质，具有重要的理论意义。

一 中国权力结构形成的历史基础

按照历史唯物主义的观点，社会是一个不可分裂的有机系统。同时，社会又是人类活动的组织形式，是靠人与人之间结成的一定的关系组织起来的，而人与人之间主要的关系则是经济关系、政治关系和思想文化关系。那么，我们在研究中国传统的权力结构的时候，就必须全面考察中国传统社会的经济、政治和文化特点，这是中国传统权力结构得以形成的基础。并且，由于它是一个不可分裂的有机系统，从单独的一个方面无法对它有一个完整的认识。事实上，传统中国社会的经济、政治、文化是互相渗透而无法截然分开的，但为了研究的需要，不得不分开论述。因此，在对这些方面分别研究的同时，必须分析它们之间是如何相互协调、相互作用的，这样才能对中国传统的权力结构有一个整体上的把握。

（一）经济因素——中国传统社会的农业生产方式

从地域上看，中华文明的发源地黄河流域是一片肥沃的平原，其东、南远离大海，西、北有高原与大漠作为屏障。这种地理条件使中国古代的经济以分散的小农经济为主。中国传统社会生产主要是农业的生产，传统经济成分也是以农业经济为主，农业占据了传统中国政治社会生活的各个层面。在中国历史的每个朝代，“重农”是统治者治国的指导思想，始终占据着封建社会政治、经济的神经中枢，“农桑为立国之本”的思想根深蒂固。正是由于这种指导思想的作用，在生产力普遍较差的传统社会，中国创造了令世界瞩目的灿烂文化。古代中国曾是世界上最先进的国家，无论是人口数量还是经济总量，在历史上，都使西方望尘莫及。

中国古代社会是由千万个彼此相似、极端分散的村庄和城镇组成的，要保证社会安定并使其有序运行，就需要有一个高高在上的集权政治。从秦汉王朝一直到19世纪末期，中央集权的君主政体在中国历史上存在了2000多年。在这漫长的封建历史上，传统农业以土地为主要生产资料，农民依靠耕种土地生活。只要保证农民有地可耕，他们就不轻易迁徙流动，也就有利于封建统治，历朝统治者都明白这个道理。只要通过编户齐民，“令民为什伍，而相牧司连坐"[①]，就可以把农民牢牢控制起来。从社会运行的角度来说，小农经济有利于社会的稳定，而这也是中国封建社会政治得以稳固的基础。在各种条件约束下，农民既勤奋耕作，又安于天命。"小农人数众多，他们的生活条件相同，但是彼此间并没有发生多式多样的关系。他们的生产方式不是使他们互相交往，而是使他们互相隔离。""由于各个小农彼此间只存在有地域的联系，由于他们利益的同一性并不使他们彼此间形成任何的共同关系，形成任何的全国性的联系，形成任何一种政治组织，所以他们就没有形成一个阶级。因此，他们不能以自己的名义来保护自己的阶级利益。"[②]传统农业经济的长期稳固与社会思想文化相得益彰，中国传统社会在这两者的互动中绵延和发展。封建统治者从自身的利益出发，为保持社会稳定，保证国家财源，也尽量避免使小农经济受到损害，大力推行"重农抑商"、"均田地"、"均赋役"和"常平"政策。

作为传统中国经济的命脉，农业生产对自然条件和土地具有天生依赖性，适宜的气候条件以及土壤环境是农业耕作的必备条件。对土地的依赖，使得农民活动的空间相对狭小，交往也多限于宗族亲属之间。对自然的依赖则更为重要，一旦遇上自然灾害，农业生产就会遭受致命打击。在这样的环境下，传统中国的农民对生活并没有过高的期望，"日求三餐，夜求一宿"即能满足，久而久之就使他们养成了乐天知命的性格，能过上平安、宁静的生活是

① 《史记·商君列传》。

② 《马克思恩格斯全集》第8卷，人民出版社1961年版，第217页。

他们的最大愿望。这一点对于中国传统权力结构的形成及长期延续是至关重要的，因为以小农经济为主导的农业社会要求有相应的社会组织结构。从历史上来看，只要社会上存在足够数量的拥有土地的农民（自耕农）及中小地主，就能满足封建社会运行的物质条件。而到了每一王朝的后期，由于统治者的横征暴敛，再加上天灾人祸，失地农民就会急剧增加，沦为佃农或是流民。这时维持王朝运行的各种赋税重担便会落到少数农民身上，为了生存，农民最终都会选择造反，王朝就会崩溃，权力结构也就随之解体。中国古代农业社会的政治也是围绕着农业活动、社会安定和巩固农业社会秩序而展开的，在这种自然经济基础之上产生的政治观念，具有自己独特的表现形态。中国传统文化中关于这一思想的论述不胜枚举，《管子·治国》中就提出："民富则安乡重家，安乡重家则敬上畏罪，敬上畏罪则易治。民贫则危乡轻家，危乡轻家则敢陵上犯禁，陵上犯禁则难治也。故治国常富，而乱国常贫。""凡治国之道，必先富民。民富则易治也，民贫则难治也。"明朝王廷相的《慎言·御民篇》中也提到"天下顺治在民富，天下和静在民乐"。从统治者的角度看，只有施行这些政策才能长治久安，保证王朝的正常运行。

但是，我们不能不思考这样一个问题，同样是封建社会，同样是以农业生产为主的自然经济，并有着大致相当的生产力水平，为什么单在中国形成了这样独特的权力结构，并在历史上存在了这么长时间？仅靠经济的因素显然无法给出合理的解释，接下来笔者分析其他两个基础——政治的和文化的因素。

（二）政治因素——“一元集权”政治观与“大一统”的政治模式

就如笔者前面所提到的，和世界上其他封建国家不同，中央集权的封建王朝在中国延续了2000多年，而其他民族所经历的封建社会却都是以分裂割据的状态存在的。相对于同时期的世界其他国家来说，古代中国的生产力虽较为发达，却没有什么本质性的区别，总体上都属于生产水平较为低下的小农经济，而小农经济的一个基本特征就是缺乏组织联系，就如马克思所说的“便是由一些同名数相加形成的，好像一袋马铃薯是由袋中的一个个马铃薯所集成的那样”。[①]欧洲封建社会的表现正是如此，中世纪的欧洲本土由几百个小国家组成，仅在德国就存在二三十个公国、伯国以及城邦等。15—16世纪时的日本列岛有六七十个封建小国，7—12世纪的印度也是小国林立。[②]要找出其中的原因，我们需要进一步深入分析形成中国传统权力结构的政治和文化因素。

在漫长的古代中国社会里，农民始终占人口的绝大多数，他们的劳动创造出了社会财富，奠定了古代中国延续的物质基础。但是，就如马克思说的那样，他们不可能形成政治组织，也无法成为封建国家的组织力量。显然，这时需要有一个特殊的阶层来执行社会交往和组织功能。“各民族之间的相互关系取决于每一个民族的生产力、分工和内部交往的发展程度。……不仅一个民族与其他民族

① 《马克思恩格斯全集》第8卷，人民出版社1961年版，第217页。

② 参见金观涛、刘青峰《兴盛与危机：论中国封建社会的超稳定结构》，湖南人民出版社1984年版，第17—18页。

的关系，而且一个民族本身的整个内部结构都取决于它的生产以及内部和外部的交往的发展程度。”① 在秦汉以前，中央集权的金字塔式的权力结构还未形成，中国社会也和欧洲类似，由许多封建小国组成。也正是在这一时期，一个特殊的阶层——士大夫或称“儒生”开始登上中国封建社会的政治舞台，并成为秦汉以后历代封建王朝官僚机构成员的主要来源。这些封建知识分子主要来自地主阶级，相对优越的物质条件使他们有机会受到良好的教育。“一旦他们获得必要的知识，就有可能通过科举或其他途径被选拔为国家官员。……他们主要不是靠土地而是靠所谓学问而被组织进封建官僚机器的大网中的，这就使得儒生能够相对地摆脱土地的束缚，超越小农经济的分散性而处于流动之中，实行全国性的广泛交往。”② 正是依靠这些封建知识分子，自秦汉以后，中国封建社会开始实行官僚管理的郡县制，即以郡县为行政区划、地方受控于中央政府的官僚政治体制，实行君权至上的中央集权，中央集权的金字塔式的权力结构初步形成。更为重要的是，出于维护封建统治的需要，他们按照“大政出于一元”的政治观念，设计出了“天下归于一统”的政治模式。也正是这一设计原则的政治实践，演绎出了中国封建社会中央集权不断强化、专制政体日益完备的2000多年的历史。下面笔者就来具体分析一下这一政治观念对中国传统权力结构的影响。

我们对中国历史稍加回顾即可发现，自秦朝建国到辛

① 《马克思恩格斯全集》第3卷，人民出版社1960年版，第24页。

② 金观涛、刘青峰：《兴盛与危机：论中国封建社会的超稳定结构》，湖南人民出版社1984年版，第25页。

亥革命的2000多年时间，除了王朝兴替时的短暂动乱和割据，中国历史都处于统一的状态。甚至有学者称中国2000多年专制社会的最大遗产就是中国人崇尚国家统一、民族团结、社会安定的大一统精神，它是中华民族文化的内核和灵魂。早在春秋战国时代，面对诸侯割据的混乱局面，以孔子为代表的先秦儒家就提出了“大一统”口号。《春秋公羊传》载：“王者孰谓？谓文王也。为先言王而后言正月？王正月也。何言乎王正月？大一统也。”孟子见梁襄王，梁襄王问：“天下恶定乎？”对曰：“定于一。”天下怎样才能安定呢？孟子回答：“天下归于一统，就会安定。”[①] 正如顾颉刚所说：“战国七雄的疆域开辟得大了，故有一统观念；交通便利了，种族杂糅得多了，故无种族观念，因此，九州之说得以成立，而秦始皇亦得成统一之功。”[②] 当然，统一乃历史发展大势所趋，最后能被秦始皇得手，自然是由于秦国实力的强大。汉武帝时期，董仲舒进一步明确提出了“大一统”的政治观点，“《春秋》大一统者，天地之常经，古今之通谊也。今师异道，人异论，百家殊方，指意不同，是以上亡以持一统；法制数变，下不知所守。臣愚以为诸不在六艺之科之孔子之术者，皆绝其道，勿使并进。邪辟之说灭息，然后统纪可一而法度可明，民知所从矣”[③]。唐代学者颜师古在《汉书注》中进而解释：“一统者，万物之统皆归于一也……此言诸侯皆系统天子，不得自专也。”自此，“大一统”政治模式成了中国封建王朝政治结构的固定模式，“大一统”

① 《孟子·梁惠王章句上》，《孟子译注》中华书局1981年版，第12页。
② 刘俐娜：《顾颉刚学术思想评传》，北京图书馆出版社1999年版，第92页。
③ 《汉书·董仲舒传》。

的政治思想也成了封建王朝的正统政治思想。

与“大一统”的政治模式相呼应的，是“一元”的集权政治观。这种政治观，不仅追求政治权力的一元，宣称“天无二日，地无二君”，还力图实现包括思想、学术的整个文化体系的一元，让全民的思想统一到一个体系中来，“王者执一而为万物正”，“以身为家，以家为国，以国为天下。此四者异位同体，故圣人之事，广之则极宇宙，穷日月，约之则无出乎身者也”①。这种政治原则的推行，使政治权力对整个社会产生了空前的影响力，以王权为代表的封建政府掌控了经济、政治、文化领域的一切权力，使传统的家族关系大大弱化，消解了传统的地方主义观念。在这种原则指导下构建的封建官僚政体的触角伸到了社会的每一个角落，区域文化的封闭与隔绝不再可能。

就整个中国历史来看，除了在春秋战国时期的百家争鸣之外，中国传统社会的“学”基本上都由王权紧密控制着，“这种文化专制主义起到了舆论控制、社会教化、教育管理、文字监禁、艺术统制的作用”②，从“焚书坑儒”到“罢黜百家，独尊儒术”再到历朝历代的文字狱无不说明了这一事实。在专制权力的支持下，“一元”的集权政治观不断得到增强，并且它进一步又反过来促进了专制权力的强化，使中国传统的权力结构不断得以固化。实际上，“大一统”的政治模式和“一元”政治观已不仅仅是一种实际存在状态，它们已经成为一种理念渗入中华民族的文化血脉中，并长期影响着整个民族的思维。作为一种

① 《吕氏春秋·执一》。

② 王子今：《权力的黑光——中国封建政治迷信批判》，中共中央党校出版社 1994 年版，第 129 页。

状态，“大一统”是断断续续的；而作为一种理念，它却从未间断过。历史上，在分裂时期，割据政权的统治者总是把统一当作奋斗目标，并为之不懈努力。即使是农民起义军，他们在建立政权后，其领袖也同样以统一全国为目的。可以说，“大一统”的观念在特定的历史时期会成为中华民族的一种凝聚力，时至今日，还对中华民族的统一起着极其重要的促进作用。

如前所述，传统中国社会的经济、政治、文化是交织在一起的，在论述经济、政治因素的时候已经对传统权力结构形成的文化因素有所涉及，下面笔者来进一步深入地对其进行分析。

（三）文化因素——全民性的权力崇拜与政治迷信

一个民族的文化，是在历史长河中积淀而成的，对于中华民族而言更是这样，因为比起其他民族，她的历史更为漫长。也正是因为她历史的漫长，在面对传统文化的问题时，我们必须用宽广的历史眼光，而不能简单地把其看作精华或糟粕。比如在现代社会，权力崇拜乃是被批判的对象，然而在古代中国，正是凭此强化了集权的封建政治结构，从而凝聚了社会的力量，创造出了中华民族的灿烂文化。还有，古代中国民众的权力崇拜与政治迷信在促进传统权力结构形成的同时，也不断受到传统权力结构的反作用而进一步强化，我们应辩证地看待这一相互作用。就如恩格斯所说：“原因和结果这两个观念，只有在应用于个别场合时才有其本来的意义；可是只要我们把这种个别场合放在它和世界整体的总联系中来考察，这两个观念就汇合在一起，融化在普遍相互作用的观念中，在这种相互作用中，原因和结果经常交换位置；在此时或此地是结果的，在彼时或彼地就成了原因，反之亦然。”[①] 同时，为避免陷入循环论证的怪圈，我们就按照历史的脉络进行梳理，以期对这一问题有一个清晰的认识。我们就从中国传统文化的“入世”思想论起。

纵观中国古代的文化，从先秦开始，以儒家文化为代表的政治思想和人生哲学，总体上体现出一种积极的“入世”精神，这也是中国古代文化的一个显著特征。“为天地立心，为生民立命，为往圣继绝学，为万世开太平”[②]也就成为古代士人的人生哲学。熟读圣贤书的儒生们，无不以“治国平天下”作为自己的人生理想。就连普遍认为的“出世”思想的代表人物老子，也有他的一套治国理论，他提出的“治大国，若烹小鲜”，“道常无为而无不为，侯王若能守之，万物将自化”，以及“无为而无不为。取天下常以无事，及其有事，不足以取天下”，“以正治国，以奇用兵，以无事取天下”等治国理念，都蕴含着丰富的“入世”思想。儒生们为何如此渴望进入权力阶层，原因主要有两个：第一个是物质层面的原因，第二个则来自精神层面。

自商周开始，为官者就和平民享有不同的政治待遇。即所谓“礼不下庶人，刑不上大夫”，传统的政治规范是“民敬官长，比之父母”，官贵民贱的体现非常明显，到后来就形成了“士农工商”的社会地位之分。封建王朝的皇帝被称为天子，身处“天命”迷信编织的光环之下，成为代表最高政治权力的至尊，站在了权力金字塔的顶端。在

① 《马克思恩格斯全集》第19卷，人民出版社1963年版，第222页。

② 《张子语录》。

皇帝之下的各级行政官员，依照地位高低，也都享有一定的政治特权。如明律规定，京官及在外五品以上官有犯皆须奏闻请旨，不许擅问。清律规定，无论大小官员，所司皆须开具事由，实封奏闻请旨，不许擅自勾问。①对封建社会官和民的关系，鲁迅的比喻可谓精辟，他曾用“畜牧家”与猪、羊来比喻官、民之界。②李大钊也提出了类似看法：“我说我们的政治，是宰猪场似的政治，把我们人民当作猪宰，拿我们的血肉骨头，喂饱了那些文武豺狼。”③ 正是出于对特权的向往，读书入仕成了封建社会知识分子奋斗的唯一目标。

除了物质层面的原因，来自精神方面的诱惑也是相当大的。封建王朝有一整套完善的官僚选拔制度，对于一些开明的君主来说，他们想尽办法任用贤明有识之士，甚至有时候可以直接把一些资历尚浅但有抱负和能力的官员提拔到高位上。尤其是实行科举制度以后，更是给知识分子提供了一条进入仕途的捷径，一旦进入官僚阶层，就可以封妻荫子、光宗耀祖。因此，“万般皆下品，唯有读书高”。封建统治者牢牢抓住了天下读书人的心理，利用“君臣父子夫妇之义，皆取诸阴阳之道”，以及“王道之三纲可求于天”④ 等封建宗法理论，不断强化其“臣子”及“众庶小民”的“忠”、“顺”观念，并最终形成所谓的“守职奉上之义”⑤ 的全民性的权力崇拜，以及对政治的

---

① 参见王子今《权力的黑光——中国封建政治迷信批判》，中共中央党校出版社1994年版，第110页。

② 参见鲁迅《华盖集续编·一点比喻》，人民出版社1952年版。

③ 李大钊：《宰猪场式的政治》，载《李大钊选集》，人民出版社1959年版，第167页。

④ 《春秋繁露》卷12《基义》，中华书局1975年版。

⑤ 《汉书·游侠传》，中华书局1962年版。

迷信。

恩格斯在论及对国家的迷信时指出：“在德国，对国家的迷信，已经从哲学方面转到资产阶级甚至很多工人的一般意识中去了。按照哲学家的学说，国家是‘观念的实现’，或是译成了哲学语言的尘世的上帝王国，也就是永恒的真理和正义所借以实现或应当借以实现的场所。由此就产生了对国家以及一切有关国家的事物的崇拜，由于人们从小就习惯于认为全社会的公共事业和公共利益只能用旧的方法来处理和保护，即通过国家及其收入极多的官吏来处理和保护，这种崇拜就更容易生根。”① 传统中国的情况正是这样，君主是“天命”所归，受“天眷”和“天佑”，是全社会崇拜的对象。在中国传统的文化观念中，政治迷信达到了无以复加的地步，其功能被无限放大。“能使人兴起者，圣人之心也；能遂其人之兴起者，圣人之政事也。”② “天下事有大根本，有小根本。正君心是大本。”③ 看一看传统文化中的这些言论我们便可发现，正是这种政治迷信左右了人的精神，控制了人们的行为方式，从而使他们自觉地接受权力金字塔的控制。

二　中国权力结构的历史演变

中国传统的权力结构是伴随着封建专制王朝的建立形成并逐渐固化的，封建王朝垮台后，传统的权力结构并没

① 《马克思恩格斯全集》第22卷，人民出版社1965年版，第228页。

② 《朱子语类》卷16，中华书局1986年版。

③ 《朱子语类》卷117，中华书局1986年版。

有随之消失，在相当长的历史时期内仍在影响着中国社会。就如恩格斯说的那样，“在一切意识形态领域内传统都是一种巨大的保守力量”[①]。“传统是一种巨大的阻力，是历史的 vis inertiae〔惰性力〕，但是由于它只是消极的，所以一定要被摧毁。”“如果说，我们的法律的、哲学的和宗教的观念，都是在一定社会内占统治地位的经济关系的或近或远的枝叶，那么，这些观念终究抵抗不住因这种经济关系完全改变而产生的影响。”[②] 封建社会的瓦解，使中国的经济、政治、文化以及社会基础都发生了巨大的变化，传统权力机构也随之消解，体现出一些新的特征。在传统权力机构的演变过程中，我们首先应该注意到的是这一过程中贯穿始终的一条主线，那就是传统权力结构的超稳定性。封建专制政权在中国存在了几千年，传统权力结构也随之控制了中国社会几千年，其间经历了多次的治乱更迭，传统的权力结构却一次次更加稳固。另外，关于传统权力结构的形成和固化前面已经讨论过了，这里就不再做详细论述，而把重点放在对传统权力结构消解过程的研究上。

（一）超稳定性——传统权力结构演变的主线

翻开中国的历史就能发现这样一条规律，中国封建王朝的更迭历史呈现出这样一条轨迹：统一的封建专制王朝的建立—封建王朝的中央集权巩固与发展—社会动乱导致王朝倾覆—新的封建中央集权王朝的建立—王朝中央集权的进一步加强，这就是所谓的中国封建王朝的治乱更迭

① 《马克思恩格斯全集》第 21 卷，人民出版社 1965 年版，第 351 页。
② 《马克思恩格斯全集》第 22 卷，人民出版社 1965 年版，第 360 页。

史。对于内植于其中的传统权力结构来说，其发展轨迹是这样的，权力金字塔的形成（王朝建立）—权力金字塔的稳固（中央集权巩固与发展）—权力金字塔倒塌（王朝崩溃）—新的权力金字塔的建立（新王朝建立）—权力金字塔的进一步加固。在这一更迭过程中，权力金字塔具有高度的同构性，并且权力金字塔每次倒塌后在很短的时间内就可以重新建立。金观涛先生对此做了专门统计，从中国封建历史可以看出，“从公元前209年陈涉、吴广起义，第一个统一的封建帝国秦王朝崩溃，到公元前202年刘邦称帝，历时只有短短的八年。公元17年绿林大起义导致西汉帝国瓦解，到公元37年东汉光武帝完成统一，只用了二十年（如果按刘秀称帝，也只用了八年）。611年岁末农民大起义爆发到李渊称帝只花了七年时间。元明之间动乱稍长，差不多历时三十年。从明末农民战争开始，到清王朝基本确立稳定的政权也只用了二三十年的时间”①。

对于中国封建专制社会长期延续的原因，中外学者进行了不懈的探索，从政治、经济、文化方面找出了许多有价值的线索。但是，至今也没有得出令人信服的结论。多数学者把原因归于传统社会商品经济不发达、缺乏政治民主、缺失公民社会等因素，殊不知，这些原因也正是受传统权力结构影响造成的结果。还有学者从中国社会的“表层结构”和“深层结构”的辩证关系上来进行论证，认为中国历史上的每一次变动只是改变了社会的“表层结构”，而并没有真正触动“深层结构”，并且“到了现代，‘革命’似乎在‘表层结构’上促成了社会结构与生产方式的

① 金观涛、刘青峰：《兴盛与危机：论中国封建社会的超稳定结构》，湖南人民出版社1984年版，第125页。

变动，但是，在‘深层结构’的意义上，却是在‘天下大乱’之后对结构稳定（亦即是‘大一统’与‘天下大治’）的重新回归，而且，由于铲平主义与专制主义倾向的深化，使‘深层结构’的形态更为趋于稳定，趋于不变”。最后，“由中国整个历史发展过程呈现出来的‘深层结构’遂表现为一个‘超稳定体系’的形态”①。

不管学者们从哪个角度对封建社会延续的原因进行论证，有一点是共同的，他们都认为这种社会结构乃至内植于其中的权力结构是一种非常态的稳定。这里笔者想借用恩格斯的一句话来阐明笔者的观点：“历史上依次更替的一切社会制度都只是人类社会由低级到高级的无穷发展过程中的一些暂时阶段。每一个阶段都是必然的，因此，对它所由发生的时代和条件说来，都有它存在的理由；但是对它自己内部逐渐发展起来的新的、更高的条件来说，它就变成过时的和没有存在的理由了。”② 我们看到，随着传统权力结构存在历史基础的消失，传统权力结构的存在形态在逐渐变化，传统权力结构的影响在逐渐减弱。

（二）传统权力结构演变的历史过程分析

传统权力结构是历史生成物，其演变过程也发生在历史之中，对其演变的历史过程进行分析，有助于我们对它有一个更深入的理解，对于在新的历史时期构建新型权力结构有历史借鉴意义。就如英国当代著名政治哲学家欧克肖特所强调的那样：“在学术层面上，政治研究应该是一

① ［美］孙隆基：《中国文化的深层结构》，广西师范大学出版社2004年版，第11页。

② 《马克思恩格斯全集》第21卷，人民出版社1965年版，第308页。

种历史研究——首先不是因为关心过去是合适的……政治活动的传统在眼前表面呈现的东西，都深深扎根在过去，不注意它的生成常常就丧失了发现它的意义的线索。”[①] 在前面，笔者已经对传统权力结构的形成和固化进行了详细的论述，传统权力结构是伴随着封建王朝的建立形成的，并随着封建王朝中央集权的加强逐渐稳定并固化。这里，笔者对传统权力结构的消解过程进行重点论述。

传统是一种巨大的阻力，常常会形成强大的历史惯性，传统的权力结构也是如此。传统的权力结构在中国历史上存在了几千年，其产生的影响极为深远，从而也注定它不可能一朝消失。传统权力结构的消解过程是呈非线性发展的，为了研究的方便，笔者按照它在这一过程中体现出来的不同特点将其分为几个阶段。分别是：（1）封建社会末期至新中国成立；（2）新中国成立初期至改革开放前的计划经济时期；（3）改革开放后的市场经济时期。下面我们就沿着历史的轨迹，来探寻它的消解过程。

先来看第一个阶段。中国封建社会发展到清朝末期，在政治、经济以及社会层面都出现了严重的危机，这一点和历史上其他王朝发展到末期的情况类似，唯一不同的是世界形势发生了变化。不仅经过工业革命的西方列强国力大增，就连邻国日本也走在了中国前列，它们都把目光盯在了貌似强大的晚清政府身上。世界列强的侵入严重动摇了封建社会的统治基础，封建社会赖以存在的小农经济基础开始崩溃，社会矛盾急剧加大，传统的社会结构面临巨大危机，权力金字塔摇摇欲坠。辛亥革命推翻了清王朝，

---

① ［英］欧克肖特：《政治中的理性主义》，张汝伦译，上海译文出版社 2003 年版，第 55 页。

自此中国开始进入一个特殊的时期。特殊是因为它与历史上任何一个动乱年代都截然不同，在中国这块土地上同时有多种力量相互交织。也正是在这一时期，中国的民族经济开始缓慢起步。五四运动以后，掩埋了几千年的中国人的主体性意识被唤醒了，以陈独秀、鲁迅、胡适等为代表的一大批进步思想家登上了历史舞台，他们著书立说，开始表达诉求。高扬科学、民主旗帜的“五四”新文化运动，主题就是“立人”，即塑造主体性人格。进步思想家们凭着强烈的历史责任感，借助思想、文化和精神的力量感召了成千上万的中国青年，并使他们开始汇成一股巨大的社会力量。同时，民族经济也有了进一步的发展，中国的产业工人也开始显露出自己的力量。随着共产党领导的抗日战争和解放战争的胜利，中国人民的民族凝聚力空前增强，一个新中国建立起来。总体来看这一阶段，是传统权力结构的瓦解时期，在这一过程中，中国的社会力量终于冲破传统的阻力，体现出了应有的作用。不过，相对于政治权力来说，这一时期的社会力量还相当微弱，更说不上是公民社会的雏形，称为萌芽更为恰当。

接着来看第二个阶段。新中国成立后，重新建立了全国统一的政权。但由于特殊的国际环境以及极其薄弱的经济基础，新中国仍需有一个集权的政府带领中国人民突破帝国主义的封锁，走上经济建设的道路。正是因为这一历史原因，新中国成立之初的中国政府是一个以集权为主的政府，具体表现仍然是行政权力支配整个社会。但是，历史在这里不再是惊人的相似，与传统社会的集权政府不同的是，新中国的经济、政治、文化以及社会基础都发生了根本的变化。集权的目的是为了集中整个社会的力量建设新中国，人民不再受压迫和剥削，从而使人民具有了很高的积极性、主动性和创造性，这也是新中国在成立后的很短时间内使经济迅速恢复的重要原因。不过令人遗憾的是，集权的危害还是不可避免地暴露出来了。在随后进行的政治运动中，权力支配社会的传统权力结构弊端显露无遗。在长达十年的“文化大革命”中，表面上似乎依靠民众的力量改变了整个社会，可事实上在狂热的民众背后始终有一只权力之手在支配着。总结这一时期权力结构演变的特点，虽然在内容上与传统权力结构有了很大不同，但是表现形式以及结果仍带有鲜明的传统烙印。具体来说，经济仍然受政治支配，以计划经济为主；政治仍然是集权政治，权力监督制约机制严重缺失；社会仍然是以人治为主，法制虽然更加健全，法治却并未进步；文化管制依旧存在，公民无法正常表达个人诉求，独立人格依然无法形成。总之一句话，传统的权力结构及权力运作方式仍在制约着整个社会。

再来讨论第三个阶段。经过改革开放，我国实现了经济的快速发展，完成了伟大的历史转折。改革开放带给中国人民的不仅有经济的发展，还有思维观念和行为方式的根本转变。改革开放使中国的社会结构发生了变化，在此之前，中国社会一直处于受政治权力支配的状态。计划经济向市场经济的转变，使市场开始从政治的支配中逐渐独立出来，市场力量的增强，必然会造成政治权力的削弱。市场经济提倡竞争、信奉能力、主张创新，使人们的独立人格、创造个性大大增强。改革开放以后，中国的非政府组织不断增加，经过几十年的发展，其力量不断增强，已经成为一股重要的社会力量。可以说，中国的公民社会虽然还很不成熟，但已经粗具规模。伴随着经济体制的改革，中国的政治体制的问题也开始浮现出来。从邓小平连续发表关于政治体制改革问题的谈话开始，中国共产党便开始把政治体制改革提上日程。在党的十七大报告中，第一次出现“人民民主是社会主义生命力”“人民当家作主是社会主义民主政治的本质和核心”的提法，“民主”成为十七大的关键词。在十七大期间，中国媒体充满了“民主”“法治”“民意”“民情”“公民有序参与”“服务型政府”等新用语。经过改革开放，实现了我国经济的快速发展，完成了伟大的历史转折。传统权力结构演变到今天，无论内容还是形式，都已经发生了根本的变化。市场、公民社会已成长并逐渐成熟起来，成为制约政治力量的重要两极，新型权力结构呼之欲出。但是，不可否认的是，尽管传统权力结构从形式上已不存在，但是在观念上依然影响着当代中国，这种影响在经济、政治、文化以及社会领域都有体现，这也就是笔者在开篇提到的“中国问题”。可以说，要从根本上消弭传统权力结构的影响，我们还需要付出很多的努力。

三　中国传统权力结构的基本特征

在人类社会的政治文明史上，古代中国的政治制度有其独特的形态。在夏商周时代，政治体制已经显现出集权的倾向。春秋战国时期，经过诸侯之间无数次的兼并与反兼并战争，终于在公元前221年由秦始皇建立起了一个权力高度集中的王朝，确定了传统权力结构的雏形。其后经过几百年的不断演变，中央集权的王权专制制度基本成型并逐渐为中国社会所接受。到隋唐时期，中央集权制度得到了进一步发展。到明清时期，这一制度更是得到了空前强化。这两个王朝靠武力建立全国性的政权之后，吸取了前朝的经验教训，加强了中央集权，使皇权在明清时期达到了历史的顶峰。比如明朝的开国皇帝朱元璋在建国之后，就着手取消了实行1000多年的宰相制度，由他亲自领导各部管理全国政务。在这一演变过程中，传统权力结构不断完善并得到固化。可以说，古代中国中央集权的程度，历史上任何国家和地区都无法与之相比。在中央集权政体下，皇帝是最高统治者。在皇帝之下，又设三公九卿等高级官员，组成国家最高管理机构。再往下，又有各级地方官员，负责全国各地的军政要务。这一整套的权力机构组成一个金字塔的形状，而皇帝正处于权力金字塔的顶端，权力呈伞状自上而下辐射。在这一权力结构的作用下，政治权力笼罩着国家经济、政治、社会的各个方面，控制了物质及精神生活的全部内容。从政治哲学的角度来看，中国的传统权力结构体现出了以下三个主要特征。

（一）政治权力至上

传统权力结构的第一个特征，首先体现在专制君主身上。在中国封建社会，皇帝是独一无二的，拥有至高无上的权力。如秦始皇统一中国后做的第一件事就是自称“始皇帝”，宣布万世一袭，“传之无穷”，“六合之内，皇帝之土”，“人迹所至，无不臣者”。臣子们称他为皇上，朝见要三拜九叩，山呼万岁。皇帝自己称孤道寡，以示自己的尊贵和与众不同。皇帝集军、政、法大权于一身，把天下视为他的私家财产，“普天之下，莫非王土；率土之滨，莫非王臣”[①]。皇帝的意志可以凌驾于国家法律之上，臣民们要对其权威绝对服从，否则就是犯上不敬，轻则削职罢官，重则身家性命难保。久而久之就形成了一种唯上意识，官员们唯上不唯下、唯权不唯实。这一现象辐射到社会中，就形成类似的情形，百姓们也普遍顺从各级地方官员的权威和意志，这种唯上意识成为一个普遍的社会现象。“中国的文化，都是侍奉主子的文化，是用很多的人的痛苦换来的。”[②] 这一现象，就是鲁迅所说的历史遗留至今的奴性的由来。中国历史上，从官员到百姓，都形成了盲目顺从的习惯，百姓顺从官员，官员顺从皇帝。整个过程造成的后果就是传统社会中国人普遍缺乏独立人格，没有权利意识。这和一些西方国家形成了极大的反差，在古希腊和雅典时期，民众就具有极强的自制观念和权利意识。

与权力至上的特点相适应的是一个高度集权的社会，封建时期的中国，权力全部集中在以皇帝为首的官僚体系那里。政治权力控制着社会生活的全部，政治地位、政治权力高于一切，政治力量可以向一切社会生活领域扩张，经济、政治、社会的各个层面都可以发现权力的影子，生动地体现了马克思所说的“行政权力支配社会”[③] 这一小农社会的根本特征。君主的意志通过他的官僚体系可以达到全部社会成员，从而实现对臣民的人身占有和支配。比如秦朝就在全国实行了郡、县、乡、里的行政区划和与之

① 《诗·小雅·北山》，载《诗经全译》，金启华译注，江苏古籍出版社1984年版。
② 《鲁迅全集》第7卷，人民文学出版社1981年版，第311页。
③ 《马克思恩格斯全集》第8卷，人民出版社1961年版，第218页。

相配套的严格的户籍制度。通过户籍制度，不仅可以实行行政管理，同时还可以行使经济管理、执法以及军事管理的职能。就如《商君书·画策》所说："能制天下者，必先制其民者也。能胜强敌者，必先胜其民者也。故胜民之本在制民，若冶于金、陶于土也。"[①] 更为重要的是，这一体制得到了民众的高度认同。黑格尔曾说，"事实上，亚细亚洲全部……都是专制政体，而且是恶劣的暴君政治的舞台。……印度……就是一种没有一个原则，没有什么道德和宗教规律的专制政体……所以在印度，那种最专横的、邪恶的、堕落的专制政治横行无忌"，但是"中国是一种道德的专制政体"[②]。这一"道德的专制政体"根本原因就来自人民的高度认同和积极拥护。封建统治者也通过一系列的精神麻醉来增强民众的认同，通过宣扬一整套的忠君爱国思想，达到"君即不抚其民，民不可不戴其后"[③]的目的。同样看西方社会的封建历史，除了有限的几个王朝的短暂统一之外，高度集权的政治体制极少存在。在其发展史上王权和教会的权力始终处于相互斗争中，即使再短暂的统一时期王权也难以取得压倒性的优势。也正是它们的相互制约作用，使得每一种权力都不可能无限制地扩张。而中国封建社会时期政治权力的扩张是无可避免的，百姓只能寄希望于能有开明的君主以及清廉的官员。

（二）等级分明

传统权力结构的第二个特征集中体现在其等级性上。

① 转引自刘泽华《中国的王权主义》，上海人民出版社2000年版，第16页。

② ［德］黑格尔：《历史哲学》，王造时译，商务印书馆1963年版，第204页。

③ 转引自刘泽华《中国的王权主义》，上海人民出版社2000年版，第19页。

封建社会的权力金字塔等级分明，层次清楚。自塔尖的君主到塔身的各级官僚，尊卑有序、上下有别。历代封建王朝都有严密的官职制度，利用纷繁复杂的官阶来划定权力的等级。汉朝时贾谊在《治安策》中就曾提出："人主之尊譬如堂，群臣如陛，众庶如地。故陛九级上，廉远地，则堂高；陛亡级，廉近地，则堂卑。高者难攀，卑者易陵，理势然也。故古者圣王制为等列，内有公卿大夫士，外有公侯伯子男，然后有官师小吏，延及庶人，等级分明，而天子加焉，故其尊不可及也。"如汉朝以官俸数量来区分官阶，从最高的万石、中两千石到最低的百石、斗食共有19个阶次。而唐代实行的是九品官阶，从最高的正一品到最低的从九品下阶一共竟有30个阶次，并且，除了在九品之内的所谓的"流内"官员，还有在九品之外的"流外"的"吏"。[①]这些不同品级的官员，从宅第、乘车、服饰乃至一切用度，都有严格的等级差别。比如清朝就对官员们的宅第规格有着明确的要求，从房屋的构造如梁的架数到房屋的间数都规定得非常详细，如果有官员违反了规制，就有丢官罢爵的危险。诚然，"中国封建制的等级是按品级、身份、地位、门第来划分的……"权力金字塔就是一种对"直接生产者统治的品级联合"[②]。这种等级秩序的维持，是以"天道"的政治迷信——君权神授为基础的。庄子说："天尊地卑，神明之位也"，"夫天地至神而有尊卑先后之序，而况大道乎？"[③]另外，又经由封建

① 参见王子今《权力的黑光——中国封建政治迷信批判》，中共中央党校出版社1994年版，第114—115页。

② 侯外庐等：《中国思想通史》第4卷，人民出版社1980年版，第37、43页。

③《庄子·天道》。

礼教和政令使其具有了合道德性及合法性。荀子说："礼者，贵贱有等，长幼有差，贫富轻重皆有称者也。""德必称位，位必称禄，禄必称用。"[①] 封建统治者严格划分等级的目的，除了令官员们各司其职之外，更主要的是利用这种下级对上级的盲目顺从和迷信，达到对其控制的目的，从而保证传统权力结构的稳定性。

《左传·昭公七年》说："天有十日，人有十等。下所以事上，上所以共神也。故王臣工，公臣大夫，大夫臣士，士臣皁，皁臣舆，舆臣隶，隶臣僚，僚臣仆，仆臣台。"在代表地位身份的权力金字塔上，众庶百姓位于最底层，百姓之上是层层叠加的官僚体系。等级制的金字塔权力结构是对人的权利与义务关系的形象表达。在权利与义务方面，上一层对下一层有绝对的支配权。人的主观意志呈自上而下递减律或自下而上递增律，就是说人数越多的等级，主观意志影响力越小；人数越少的等级主观意志裁定力越大。权利与义务也成反比：等级越高，权利越大，义务越小。[②] 处在金字塔顶的君主，对他所有的臣民拥有生、杀、予、夺的权力，正可谓"君叫臣死，臣不得不死"。臣下的一切，似乎都来自皇帝的恩赐，即便是赐死，也还要"谢主隆恩"。在皇帝面前，臣子们很难找到一点点自尊，"君者，阳也，臣者，阴也"[③]。就是向皇帝奏事，也要用"臣本非长才，又乏敏识，学不能通达经训，文不足缘饰吏事"，"文字鄙陋，实惧尘玷"，"臣才

---

① 《荀子·富国篇》。

② 参见萧鸿江《再谈腐败的社会文化根源》，《大连大学学报》2004 年第 1 期。

③ 马其昶、马茂元：《韩昌黎文集校注》，上海古籍出版社 1986 年版，第 617 页。

识浅薄，词艺荒芜”[①]。不仅如此，就连君主以下的各级官员，也是“官大一级压死人”，官员们一方面受到上一等级的控制，另一方面又控制下一等级。在这样的结构中，许多下级官吏在人格受到压迫的情况下，很难充分发挥自己的才能。至于小民百姓，更是受到了严格的控制，在他们的所谓父母官面前，多的是敬畏，少的是自由，根本谈不上所谓的尊严。“在行政权力的面前，国民完全放弃了自己的意志，而服从于他人意志的指挥，服从于权威。”[②]

（三）纵向分布

与前两个特征相适应，传统权力结构的第三个特征体现为纵向分布、结构失衡。现代权力学说认为只有从权力内部对权力进行分解，并在此基础上建立一个稳定的、相互制约的权力结构，以权力之间的关系来制约权力，才能有效地控制权力。这里涉及的就是权力结构的分布问题，也就是权力结构是否合理的问题。

究竟什么样的权力结构才称得上是合理的权力结构，恐怕很难给出一个准确的答案。但是，在构建原则上，学界并不存在太大争议，学者们普遍认为扁平化的权力结构最有利于权力制衡。具体方法就是“将处于同一层级的权力尤其是最高权力加以平面化，确立各个层级（特别是最高层级）的权力平台，在这个平台上，不同的权力主体各自行使法律规定的权力，他们在各自的权力领域内具有最终的权威；同时，各种权力主体之间形成法律上的牵制关

① 马其昶、马茂元：《韩昌黎文集校注》，上海古籍出版社 1986 年版，第 579、599、604 页。

② 《马克思恩格斯全集》第 8 卷，人民出版社 1961 年版，第 214 页。

系，消灭独尊的、绝对的权力”[①]。

也许我们拿现代的标准来审视中国的传统权力结构不太合理，但毕竟“对人类生活形式的思索，从而对它的科学分析，总是采取同实际发展相反的道路。这种思索是从事后开始的，就是说，是从发展过程的完成的结果开始的”[②]。我们还可以去看看古代西方，在古希腊雅典时代，具有和中国的君主政体完全不同的权力结构。古希腊的城邦都是一种以一座城市为中心，包括周围不大的一片乡村和耕地的主权国家。“奴隶主贵族和自由平民这两个阶级组成了一个‘公民共同体’，构成了希腊城邦的主体。”[③]希腊各城邦的其他国家机构都隶属于这一“公民共同体”，城邦的一切重大问题都必须经由这一共同体审议。虽然城邦也有处理行政事务的“执政官”，但是“执政官和其他官员掌管各行政部门和司法事务。在雅典没有总揽执行权力的最高官员”[④]。虽然各个国家权力机关之间的分工还远不如现代国家精细，但其体现的权力扁平化趋向却非常明显，也正是从这里萌发了现代分权政府的最初形态。

我们回过头来重新审视中国的传统权力结构。先来看春秋战国时期的那些小国，除了凌驾于它们之上的“周天子”外，在每一个国家内部，诸侯政权的权力也是与中央政府的权力同构的。同“周天子”一样，各诸侯在自己的封地里拥有最高的权力，权力高度集中于以诸侯为首的统治阶层那里，整个权力结构体现出纵向分布的特点。秦汉

① 周永坤：《规范权力——权力的法理研究》，法律出版社2006年版，第223页。

② 《马克思恩格斯全集》第23卷，人民出版社1972年版，第92页。

③ ［英］赫·米尔斯：《世界史纲》，吴文藻等译，人民出版社1982年版，第310页。

④ 《马克思恩格斯全集》第21卷，人民出版社1965年版，第134页。

建立中央集权的政府以后，诸侯权力开始逐渐弱化并最终消失，权力金字塔开始成型。在行政权力的行使上，则体现出了更为集中的倾向。对中央政府来说，根本不存在真正意义上的权力分散，地方官府只是贯彻中央意志的工具而已。至于立法与司法权，更是专属于中央政府。其权力虽然具有执行意义上的层级分化，但权力最终都指向一个目标，向同一个主体即君主负责。前面说过，扁平化的权力机构能够体现出分权制衡的特点，而这种纵向分布的权力结构却根本无法体现这一点，所有的权力只能成为行政权力的附庸，行政权力很难受到制衡。关于这一点，笔者在后面论及传统的权力运作方式的时候还要做进一步的探讨，这里就不再赘述了。

四 中国传统权力结构的历史作用

传统权力结构在中国延续了几千年，时至今日对中国社会还有着很深的影响。在历史上，由于它的作用，才有了古代中国的繁荣昌盛；同样，也是因为它的作用，造成了近代中国的愚昧落后，止步不前。因此，我们应辩证地分析传统权力结构对中国的影响，用公正的历史眼光来看待传统权力结构的历史作用，既要看到它的积极作用，也不能忽略它对中国社会的消极影响。

（一）积极作用

1. 促进了国家统一和民族融和

中央集权的封建王朝是社会稳定的前提和保障，而稳定的社会也是保证其王朝延续的关键。在中国历史上，每一次分裂都会导致社会的大动乱。在春秋战国时期，诸侯之间战争不断，社会生产力很难得到提高。短命的秦帝国灭亡后，汉朝重新建立了统一的政权，但由于汉初中央集权程度并不高，很快在景帝时期就发生了七国之乱。叛乱平定之后，汉朝逐步加强了中央集权的程度，国家步入稳定发展的阶段，在其后的历代王朝统治者更加注重加强中央集权的力量。我们看历史上社会比较稳定、经济较为繁荣的几个时期如“贞观之治”、“开元盛世”乃至“康乾盛世”都是在国家政权相对稳固的基础上才出现的。历朝的统治者为了维护其权力的稳固，都采取了一定的措施保证社会的稳定，一方面利用精神控制的方法使民众安于现状，另一方面通过一系列的法令尽力避免社会矛盾的加大。历史上有作为的君主都明白“水能载舟，亦能覆舟”的道理，而传统的政治文化讲究德治，提醒君王实行仁政，要以民为本，以安民为务，把爱民、富民作为基本的治国方略，以保证封建社会的稳定和长治久安。因为，“大富则骄，大贫则忧。忧则为盗，骄则为暴，此众人之情也。圣者则于众人之情，见乱之所从生。故其制人道而差上下也，使富者足以示贵而不至于骄，贫者足以养生而不至于忧。以此为度而调均之，是以财不匮而上下相安，故易治也”①。

中国是一个多民族的国家，虽然历史上民族间的争斗不断，民族矛盾也很突出，但是，在封建统治者建立集权政府的不懈努力下，各民族间的交流从来就没有间断过。

① 《春秋繁露·度制》。

汉唐时期的和亲政策是民族交流的一个重要开端，“昭君出塞”和“文成公主”的故事大家都耳熟能详。虽然和亲的主要目的就是给国家争取一个相对和平的发展环境，到王朝实力发展起来之后最终仍然无法避免战争，战争的结果往往会导致国家疆域的扩大。在国家版图扩大之后，封建统治者往往采取从内地迁移百姓的办法，使汉族和少数民族混居，也正是在这一过程中，各民族之间的文化开始融合。另外，中国历史上少数民族还曾直接入主中原，并建立了自己的政权。南北朝时期在中国历史上出现的“五胡十六国”，就是当时北方的一些少数民族，包括匈奴、鲜卑、羯、氐、羌等族，大量迁入内地，与汉族人民混居。后来，他们趁中原内乱之机，建立起各自的政权。不过这些少数民族政权建立之后，为了实现对人口占绝大多数的汉族的统治，仍不得不依靠汉族知识分子的支持，实行适应汉族地区的政治和经济政策，包括汉族的语言、文字和风俗习惯，在这一过程中民族间的融合有了进一步发展。蒙古族和满族更是建立了强大的中央集权的封建王朝——元朝和清朝，而中国疆域最大的时期也正是出现在元朝。同样，元朝和清朝统一全国之后，由于其人口数量远远少于汉族，为实现国家的长治久安，也必须起用汉族官员协助管理国家，各民族的融合程度更为加强。

2. 保持了社会稳定

笔者前面提到过，封建小农经济的一大特点就是缺乏自组织性，如果没有一个高度集权的权力结构把社会分散的生产力集中在一起，封建王朝的繁荣就很难出现，这对于世界上其他国家来说也是一样。像古罗马的官道和水渠、古埃及的金字塔，就是集权的奴隶制文明的产物。中国封建王朝利用高度集权的政府把农民组织起来，建造宏大的公共工程，闻名世界的万里长城就是几代王朝连续建造的结果。封建王朝还特别重视农业生产技术、工具和工程的开发，中国很早就开始实行精耕细作的技术，贾思勰在《齐民要术》中说："凡人家营田，须量己力，宁可少好，不可多恶。"自周朝之后，黄河流域的农民已放弃轮作休耕，土地年年耕种，采取施肥灌溉，取得了较高的劳动生产率。在气候温暖湿润的南方，水稻栽培一年两熟，土地利用率更高。农业生产工具方面，古代中国的铁制农具的普及程度也走在世界前列。秦代的李冰父子领导修筑了造福后世的都江堰工程，灌溉了成都平原数百万亩的农田。其后的历朝历代也非常重视灌溉工程的开发建造，以至于后人称这些农业工程"以万亿计，然莫足数也"[①]。当然，封建统治者在建造公共工程的同时，也役使劳动人民为他们建造了奢华的宫殿、陵寝，这是剥削阶级的本性使然。

概而言之，正是由于封建社会中央集权政府的控制，社会才能够长期保持稳定，从而创造了古代中国发达的农业生产力，也正是农业的繁荣，使得一大批人能脱离体力劳动而专心从事脑力劳动。虽然我们把"劳心者治人，劳力者治于人"看作封建思想的糟粕，但我们无法否认它的历史合理性，正因为这一分工，才形成了中国几千年的古代文明。因为"一个民族的生产力发展的水平，最明显地表现在该民族分工的发展程度上"[②]。熟悉中国历史的人都知道，古代中国在世界民族之林是独树一帜的。从农业到

① 《史记·河渠书》。

② 《马克思恩格斯全集》第3卷，人民出版社1960年版，第24页。

科技水平，中国都远远领先于同时期的世界各国。相比较而言，古代中国的农业生产力相当发达，生产技术也相对较高，从而造成了令其他国家望尘莫及的劳动生产率。在汉朝粮食年产量有320亿斤，平均每人2000斤；[①] 到唐代，粮食年产量达到595亿斤，人均占有近1000斤；宋代更是达到1280亿斤，人均1000多斤。[②] 科技发展上，我国有闻名世界的四大发明，有同时期最先进的灌溉工程和农业工具。古代中国还拥有世界上规模最大、数量最多、商业最繁荣的城市。有资料显示，在宋朝时期，中国十万人以上的城市将近50个，清乾隆时期，中国工业、农业产量均居世界第一位，世界上7个最大的城市，有6个在中国。而中世纪的欧洲城市人口一般不超过5000—10000人，只有科伦、伦敦等几个城市达到四五万人。超过十万人的，也不过是威尼斯、佛罗伦萨和米兰。毫无疑问，高度集权的封建王朝带来了古代中国的高度繁荣。

（二）消极作用

传统权力结构在历史上起到了积极作用，正是它的作用，才有了古代中国发达的封建文明。但是，有一利就有一弊，事物的两面性在这里体现得淋漓尽致。“历史同认识一样，永远不会把人类的某种完美的理想状态看做尽善尽美的；完美的社会、完美的‘国家’是只有在幻想中才能存在的东西。”[③] 超稳定就意味着僵化和停滞，一个固化

---

① 参见宁可《汉代农业生产漫谈》，《光明日报》1979年4月10日。

② 参见张邦炜《北宋租佃关系的发展及其影响》，《甘肃大学学报》1980年第3期。

③ 《马克思恩格斯全集》第21卷，人民出版社1965年版，第308页。

的权力结构导致中国封建社会“沉浸在一种烂熟的文明中而失去了对新生活方式的追求”[1]。与传统权力结构的积极作用相比，它的消极作用对中国社会的影响更为深远，在社会的各个领域都有集中的体现。在政治权力的影响下，传统中国的经济表现为一种畸形的政治经济，文化表现为官本位的权力文化，社会也成为一个崇尚特权的权力社会。

1. 排斥多样

笔者在前面论及传统权力结构特征的时候已经说过，政治权力渗透到社会的各个角落，经济领域也不例外。“自战国以来封建统治者所确立的官营经济形态至明清之时仍未动摇，在生产、流通、消费各领域，官府广泛参与，控制盐、铁、茶的经营，实行对外贸易垄断。”[2] 权力对经济的过度控制，使中国的传统经济在各个层面都带有明显的政治烙印，从而使传统中国的经济长期表现为一种单一的政治经济模式。这种单一的经济模式的弊端主要体现在两个方面。

首先，这种经济模式直接导致贪贿横行。由于经济受权力的控制，而权力掌握在各级封建官吏手里，这就为各级官员以权谋私提供了机会。他们的权力“不是被用来表达人民的意志，图谋人民的利益，反而是在‘国家的’或‘国民的’名义下被用来管制人民，奴役人民，以达成权势者自私自利的目的”[3]。正所谓“三年清知府，十万雪花

① 金观涛、刘青峰：《兴盛与危机：论中国封建社会的超稳定结构》，湖南人民出版社1984年版，第58页。

② 李锡海：《权力文化与腐败犯罪》，《山东社会科学》2007年第1期。

③ 王亚南：《中国官僚政治研究》，中国社会科学出版社1981年版，第190页。

银”。对于下级官员来说，他们有直接贪贿的机会，为了保证自己的行为不被揭露出来，他们会进一步对上官行贿。这样层层递进，最终使整个封建官场形成一个巨大的利益共同体，即便有个别清廉的官员，也难以为这个共同体所容纳，必将被排挤出去。这也是封建政府一再严厉打击贪官污吏，而贪污却屡禁不止的根本原因。纵观中国封建历史，一次次王朝倾覆都与官员腐败导致的民不聊生直接相关。

其次，这种模式还是造成中国商品经济发展迟缓的直接原因。其一，经济领域有其自身的发展规律，而多样性正是其所需的一个基本要素。这种单一的政治经济排斥多样，使市场因素在传统中国迟迟得不到发展。其二，由于经济受政治权力的支配，中国历史上的商人与官家都有着千丝万缕的联系，官府的支持是他们得以存在的前提。因此，中国古代根本不存在公平竞争的环境，商人之间的竞争更多的是靠关系，而不是靠能力。并且，一旦这些商人赚取了大量的财富之后，多数人会选择让自己的后代读书入仕，而不是让他们继承自己的事业，因为商人的地位和官员的地位差别太大了。正因为这样，中国的商品经济始终没有连续性，直到近代中国，发展仍很缓慢。

2．抑制创新

当官就能获得权力，有权就能带来利益，有权就能获得实惠，权力就是一切。在这种文化传统之下，人的个性受到压抑，创造性难以得到发挥。几千年来，中国的官文化可谓博大精深。“官本位”这一说法来自现代，但“官本位”的表现却是自古就有。从古到今，“官本位”在中国有一系列具体的表现，首先就是跑官要官、买官卖官。

跑官要官，就是为了升官，四处托关系、找门子。在封建社会，这一点突出表现在官员们的裙带关系上，官吏们普遍看重门生故旧，对于新考取的官员来说，第一件要做的事情就是拜恩师、认同年。直到今天，这一现象在中国官场仍有体现。社会上曾流行“生命在于运动，升官在于活动”的说法，深刻地揭示了这一丑恶现象。买官卖官，源于封建社会的“捐官”制度，是历史遗留下来的一大陋习。历史上的许多封建王朝，在国家经济遭遇到困难之际，常常会公开标价出卖官位，以增加国库收入。清朝时期，捐官之风最盛，平民可以捐官，小官可以捐大官，虚衔可以捐实缺，不过捐官所得要全部上交国库，用于国家开支。当然，在众多捐官者中，也不乏精明干练之士，但总体上来看，多属庸碌之辈。近代乃至当代官场的买官卖官，已经演变为一种纯粹的权钱交易。其次，“官本位”还表现为以权谋私，官官相护。官员们大都信奉“有权不使、过期作废”的道理，因此，封建社会的官僚们总是把手中的权力当作谋取私利的工具，这一现象在今日官场也不少见。官官相护，是因为他们可以互相利用，你投之以桃，我报之以李，也就成为古代官场的潜规则。在“官本位”思想的影响下，官员们往往唯上而不唯下，唯财而不唯才，唯亲而不唯贤。长此以往，就会形成极为恶劣的政治氛围，进而影响社会文化，使整个社会缺乏创新文化传统，这正是当代中国社会创新能力不足的根源所在。

3. 缺乏活力

在传统社会，权力居于整个社会的核心，社会的所有资源都被权力控制，人的财富、地位、价值、荣誉等都与权力联系在一起。人们既想获得权力，又惧怕权力。渴求权力是因为有权就能获得较高的社会地位，就能得到别人的尊重和景仰。惧怕权力是因为谁也无法离开它而单独存在，而且一旦与权力发生对抗，就会失去一切。对特权的崇拜和向往不仅表现于中国传统社会，还反映在现代社会之中。不仅体现在官场上，而且已经生根于整个社会。无论走到哪里，都可以嗅到弥漫于社会中的权力气息。在这个社会中生活的人们都深深感到了权力的威力，整个社会围绕权力关系编织成一张大网，有权办事就容易，“关系网”实质上就是权力网，人们之间的社会关系在很多时候蜕变为纯粹的权力关系。在这样的社会氛围之下，人们不是凭能力和业绩来获得社会的认可，而是靠权力来实现自身的价值，人的主体性和创造性人格很难体现出来，这样的社会是一个缺乏生机和活力的社会。可以说，这一影响至今还没有从根本上得到清除。

五　中国传统的权力运作方式

权力的结构决定着权力的运作方式，与权力至上、崇尚集权、等级分明、尊卑有序、纵向分布、结构失衡的传统权力结构相适应，中国传统的权力运作方式也有着独特的表现形式。在权力运作手段上，体现为以人治为主，忽视法治；在权力运作路径上，体现为自上而下、逐级管制。这种权力运作方式直接导致了权力制衡机制的失灵和制衡力量的缺失，不仅君权无法得到控制，就连各级官僚的行政权力也很难受到有效制约。

（一）运作手段——重人治而轻法治

传统权力结构权力至上、崇尚集权的特点决定了传统的权力运作手段主要以人治为主。虽然从表面看来，古代中国行政立法相当发达，有学者称其“体系庞大、内容详备”[①]。但实际上，古代中国的法律只是统治者的工具，它以维护王权统治为主要目的，而并非为了保护社会与民众的利益。因此，传统中国的法治只是形式上的，而人治才是真正意义上的。这一点在立法和执法过程中的表现就是有很大的随意性和不确定性，在遇到具体的案件时一旦“法令”与“上令”相冲突，结果多是“法令”给“上令”让步。中国西汉时期的廷尉杜周的一段话将这一特征淋漓尽致地表露出来。杜周用法严苛，一味奉迎，时人责问其何以“不循三尺之法，专以人主之意旨断狱”，他回答说：“三尺法安出哉？前主所是著为律，后主所是疏为令，时皆为是，何古之法乎？”[②]

当然，我们不能完全抹杀法律在传统政治中的作用，虽然存在“刑不上大夫，礼不下庶人”的说法，但同时历史上也有“王子犯法，与庶民同罪”的积极思想，只是法律在历史上所起的作用无论有多大总要受到人治因素的制约。在中国社会里，人治思想比比皆是。《论语·为政》中有“道之以政，齐之以刑，民免而无耻”；《论语·子路》中有“道之以德，齐之以礼，有耻且格”，“礼乐不

---

① 刘笃才：《极权与特权——中国封建官僚制度解读》，辽宁大学出版社 1994 年版，第 177—178 页。

② 梁治平：《法辨——中国法的过去、现在和未来》，贵州人民出版社 1992 年版，第 144—145 页。

中，则刑罚不中，刑罚不中，则民无所措手足”。在古代中国社会，社会公共权威是人而非法律，社会公共秩序的基础是人而非制度，整个国家的前途命运以及社会的治乱兴衰完全系于最高掌权者一人之身，最高掌权者“一言正而天下定，一言倚而天下靡”[①]，“其人存，则其政举，其人亡，则其政息”[②]。

较之于古代中国，西方社会中“人治”思想大大弱化。首先，在君权之上，中西方都存在一个“神”来对君权进行约束。但是，儒家将君主置于“天人合一”之宇宙——人类社会秩序的中枢地位，弱化了其学说中限制君权的思想效应，儒家的“天”并没有产生基督教之上帝那样的对君权的神圣约束力。其次，是由于西方思想家对“人治”思想的激烈批判。博登海默指出：“纯粹的专制君主是根据其自由的无限制的意志及其偶然的兴致或一时的情绪颁布命令与禁令的。某天，他判处一个人死刑，因为他偷了一匹马；而次日他会宣判另一个偷马贼无罪，因为当该贼被带到他面前时告诉了一个逗人的故事。一位有影响的作家会蒙受预见不到的厄运而被钉在火刑柱上烧死，因为他写了几句使统治者恼怒的话。这种纯粹的专制君主的行为是不可预见的，因为这些行为并不遵循理性方式，而且不受明文规定的规则或政策的调整。”[③] 孟德斯鸠则更为明确地提出：“当一个人握有绝对权力的时候，他首先是想简化法律。在这种国家里，他首先注意的是个别的不

① 《申子·君臣》。

② 《礼记·中庸》。

③ ［美］博登海默：《法理学——法哲学及其方法》，邓正来、姬敬武译，华夏出版社1987年版，第222页。

便，而不是公民的自由。"[①] 博登海默则进一步指出："一个拥有绝对权力的人总是试图将其意志毫无拘束地强加于那些为他所控制的人……这种统治形式所具有的一个显著因素乃是出于一时好恶或为了应急而非根据被统治者的长远需要所产生的原则性行动而发布高压命令。"[②] 正是基于对专制权力的深刻警惕，西方历史上的进步思想家们始终对"人治"的治理方式极为排斥，这也是西方社会具有良好"法治"传统的一个重要原因。

我们再来看一下重人治、轻法治的社会后果。重人治、轻法治的结果将会是，在社会生活中，人们看重的主要是"关系"而非"本领"，推崇的是"身份"而非能力，导致制度失范，规则缺失。黑格尔对古代东方专制人治政体的本质曾进行过深刻的揭露，他指出："东方古代的个体完全被掩埋在'普遍'之中，而个体一旦与作为整体的'普遍'合二为一时，个体就停止其为主体。这样，法就不是成为保护个体正当权利的工具，而成为统治者的惩罚工具。"[③] 正是由于重人治、轻法治，传统中国的民众有着浓厚的"青天情结"，他们把希望寄托在清官身上，放弃了对合理政治权利的追求。时至近日，"人治"思想对中国社会还影响颇深，中国社会依然受着这一传统思想的危害。

① ［法］孟德斯鸠：《论法的精神》上卷，张雁深译，商务印书馆 1961 年版，第 70 页。

② ［美］博登海默：《法理学——法哲学及其方法》，邓正来、姬敬武译，华夏出版社 1987 年版，第 341—342 页。

③ ［德］黑格尔：《哲学史讲演录》第 1 卷，贺麟、王太庆译，商务印书馆 1959 年版，第 117 页。

（二）运作路径——自上而下、逐级管制

与等级分明、尊卑有序的权力结构特征相对应，传统权力的运作路径是自上而下、逐级管制。传统权力结构具有森严的等级性，决定了权力的运行必然会采取自上而下的单极路径。

笔者从专制权力的取得来对这一问题进行分析。历史上每一朝代的开国皇帝，大都是通过武力获得权力，即所谓“马上得天下，马下治天下”。在这一过程中，他们总是先给自己的权力取得找到一个合法的来源，采取的方法几乎都是一样的，无非是借用上天的名义，即所谓“君权神授论”。封建皇帝都自称天子，“天子”称谓也成为传统政治思想论证君主权威的主要依据之一。天子称谓的基本内涵是：君为天之子，受命于天，代天施治。其有三层含义及政治效应：其一，君权神授；其二，天子以天为宗；其三，君命即天命。[①] 总之，目的只有一个，那就是把君权神化。“唯天子受命于天，天下受命于天子，一国则受命于君。君命顺，则民有顺命；君命逆，则民有逆命。故曰一人有庆，万民赖之，此之谓也。”[②] 这样，在封建政治权力的分配上就出现一个清晰的线条，即上天（神权）—天子（君权）—臣子（治权），这是一个自上而下的垂直权力体系。并且，把权力金字塔中各级官僚体系进一步细分，我们还可以发现一个有趣的现象，每一官僚层级依旧是一个小型的金字塔的形状。只是每一级官吏在服从上级的管辖时，还要受到最高权力的管制。在具体的权力运行

① 参见刘泽华《中国的王权主义》，上海人民出版社 2000 年版，第 234 页。

② 《春秋繁露·为人者天》。

过程中，各级官吏的作用就是上传下达，把上级的命令一级级传达到最终的执行机关，保证封建统治机器的有序运转。

在这种自上而下、逐级管制的权力运作方式下，封建王朝建立起了控制整个社会的官僚网络，权力触角延伸到社会的每一个角落，地方自治几乎不存在，这就要求有庞大的官僚机构来保证其正常运行。在王朝初期，官僚队伍相对较小，官员相对廉洁且效率较高。随着王朝的发展，人口数量逐渐增加，与逐级管制的权力运作方式相适应，官僚数量就会随之增加。有资料显示，到王朝末期，官僚数量往往比王朝初期大得多。比如“唐朝初期的公元627年，唐太宗裁撤合并京城的官僚机构，百余万人口的京都长安，只留用了六百四十三至七百三十名京官，外官数量也非常少。三十年后，高宗显庆年间内外官员膨胀到了一万三千四百六十五名”[①]。又过了50年，到元和年间，“文武官吏及诸色胥吏已达三十六万八千六百六十八人。如以当时全国纳税户一百四十四万计算，平均每七户就要供奉两个官员”[②]。并且，官吏增长的速度远远大于人口的增长速度，但与王朝初期相反的是，行政效率却大大降低，官员们欺上瞒下，贪贿成风，这可以说是此种权力运作方式的一大弊病。再来看处于权力金字塔最底层的民众，更是从身到心都受到了严密的控制，就如刘泽华先生所认为的那样：“国家通过权力系统对农业生产进行直接的监督和管理，贯穿于中国整个封建时代。从天子三推三拉装模作

① 转引自金观涛、刘青峰《兴盛与危机：论中国封建社会的超稳定结构》，湖南人民出版社1984年版，第61页。

② 转引自周伯棣《中国财政史》，上海人民出版社1981年版，第233页。

样的亲耕籍田之礼，到历代劝民莫失本业的无法计数的诏令；从官府集中大量耕牛、种子、生产工具在全国范围内调配，到将几十万、上百万的劳动者从东迁到西，又从西迁到东；更不必说产品征收和转运中组织、措施的复杂与严密，都体现着一种精神，即国家对于全部土地、农民、一切生产活动的主宰。农民几乎没有自由的独立的自己的生产，一切都要纳入符合封建国家需要的轨道。自由竞争或自由选择的原则，在这里完全没有效应。”① 在这种权力运作方式下，从官员到百姓，每个人都被控制在权力编制的大网中，个体诉求无法表达，独立个性无法形成，从而个体的存在也就变得无关紧要。

（三）运作结果——结构失衡，缺乏制约

封建王朝是一个高度集权的政治结构，其中央和地方各级官僚掌握了国家全部的政治权力，并通过政治权力支配了整个社会。出于维持其统治连续性的考虑，历史上每一朝代都有自己的一套权力监控体系，以避免各级行政权力的无限膨胀。但是，历史一次次证明，在传统的权力运作方式下，所有的努力最终都是徒劳无功，每一王朝长则几百年，短则几十年，都逃脱不了倾覆的厄运。究其原因，主要就是传统的权力运作方式下，无论何种制衡机制，最终都无影无踪。另外，所有的制衡力量都来自体制内，根本就不足以对权力形成制衡。下面笔者从两个方面来对其进行具体分析。

封建王朝的政治权力按运行方式可分为两个部分：一

① 刘泽华、汪茂和等：《专制权力与中国社会》，吉林文史出版社 1988 年版，第 42 页。

是君权，二是治权。君权是皇帝的专属权力，名义上君权控制整个国家，但实际上这是不可能直接完成的。在现实的权力运行中，君主通过权力的下放，让各级官吏来治国安邦，这就是各级官吏所拥有的治权。那么，这里就涉及对两种权力的制衡问题。

我们首先来看对君权的制衡。在封建历史上，虽然君权是至高无上的权力，但这并不意味着皇帝的权力就不受任何制约。在制衡机制上，历史上对君权的监督和制约主要是通过“言官制度”来实现的。历朝历代的“言官制度”大同小异，主要由谏官和台官（御史台）组成，“谏官掌献替，以正人主；御史掌纠察，以绳百僚”[①]，起到谏诤皇帝和弹劾百官的作用。并且，除了“言官”之外，就是普通大臣也经常对皇帝的言行提出建议，一部《历代名臣奏议》中，有多少忠谏之臣的身影，如唐代的岑文本、魏征，武则天时期的狄仁杰，宋朝的包拯等。他们的谏言中不乏切中时弊的高见，也获得了一些开明君主的肯定。另外，就是皇帝本人，也常常拿历史上的尧舜之君标榜自己，进行自省。但是，这些努力在历史上所起的作用是非常有限的，因为这一制度有赖于皇帝本身的开明。事实上，除了极少数“纳谏如流”的君主，在大多数朝代，“言官”多成为皇权的附庸，很难真正起到有效地制约君权的作用。如果遇到昏庸暴虐的君主，对于一些拿“文死谏，武死战”道德标准要求自己的言官来说，命运就更凄惨，稍不留神连身家性命也难保，无怪乎唐太宗说：“人臣欲谏，辄惧死亡之祸，与夫赴鼎镬，冒白刃，亦何异

① 《山堂考索续集·官制门》。

哉？故忠贞之臣，非不欲竭诚，竭诚者，乃是极难。”①

再来看对各级官吏权力的制衡。与对君权的制衡相比，对各级官吏权力的制约更为艰难。首先从制约机制来看，封建王朝对官吏的制约大都来自上级，来自同级或是下级的制约几乎不存在。从历史上来看，开明的君主在整饬吏治、打击贪贿方面都付出了很大的努力。如明朝在建国之初，朱元璋就颁布了惩治贪贿的法令，规定凡贪污60两银子以上的官员都要斩首。并且，在朱元璋在位期间，官员前后因贪贿或被株连而致死的不下几十万人，以至于到最后连朱元璋自己也感叹天下贪官难以杀尽。对于一些昏庸的君主来说，自己就是贪官污吏的代表，官员们来自上级的监督更是形同虚设，随着吏治的败坏，民不聊生，社会矛盾加大，最终造成王朝更迭。其次，我们来看对各级官吏的制衡力量。这些制约力量全部来自体制内，对各级官吏来说，他们之间本身就是利益同构体。如果不是出于皇命督办或是党派之争，他们大都会按照“官官相护”的官场潜规则息事宁人，执法往往枉法。这一点从历史上的贪官数量就可见一斑，历朝历代都有清官，但终属凤毛麟角，在中国封建社会始终难以占据主流，而贪官却具有压倒性的优势，最后导致那些为数不多的清官廉吏也只能随波逐流。

总而言之，在传统权力的运作方式下，根本无法形成有效的权力制约机制，也无法产生强大的权力制约力量，不从根本上改变传统的权力结构和与之相应的权力运作方式，这一问题的答案就是两个字——无解。

① 《贞观政要》。

第三章

“中国问题”的权力性解读

在本书开头提到，本书研究的目的之一就是为了正确破解“中国问题”。那么，何谓“中国问题”呢？英国哲学家罗素在其《中国问题》一书开头写道：中国的问题非常复杂，而“中国问题”主要可归结为经济、政治和文化相互关联的三个方面，其中文化问题最为重要。[①] 韩庆祥教授指出：“所谓‘中国问题’，主要是指长期制约中国社会发展和中国人发展的根本问题和关键因素。哲学视阈的‘中国问题’，是特指时刻缠绕国人、必须经常面对、常常令人疑惑、深刻影响中国发展的根本问题，以及与这一根本问题直接相关的基本价值观念和思维方式。”[②] 这也就是说，“中国问题”不是指那些存在于中国社会的一般问题，而是指会影响中国发展方向的全局性、根本性的问题。

厘清了“中国问题”的基本含义，那么，又该怎样准确判定我们面临的“中国问题”呢？马克思指出：“人类始终只提出自己能够解决的任务，因为只要仔细考察就可

---

① 参见［英］伯特兰·罗素《中国问题》，秦悦译，学林出版社 1996 年版，第 1—2 页。

② 韩庆祥、张艳涛：《马克思主义哲学视阈中的“中国问题”》，《社会科学战线》2008 年第 11 期。

以发现，任务本身，只有在解决它的物质条件已经存在或者至少是在生成过程中的时候，才会产生。”[①] 因此，首先必须认识产生“中国问题”的实践土壤，也即把握住中国所处的历史阶段和方位，才能准确判定我们面临的“中国问题”。改革开放进行到今天，我国的社会生产力有了长足的进步，国力得到了极大增强，人民生活水平迅速提高。在多年经济高速增长的基础上，2014 年，我国的经济总量首次超过 60 万亿元，发展成就令世界瞩目。但另一方面，一系列矛盾和问题也在不断涌现。当前，我国经济社会发展正处于改革开放转折的关节点，即由经济增长向经济社会和人的全面发展转折，是改革开放的关键阶段。在这一转型期，政府职能尚未完全转变，计划经济因素与市场经济因素、人的依赖和物的依赖还同时存在。历史经验表明，每一社会的转型时期，矛盾都比较集中，同时也是矛盾的高发期。因此，对当代中国所处的历史方位有一个清醒、准确的把握，就显得尤为重要。韩庆祥教授认为，“从中国社会的历史方位看，当代中国正处于社会转型期，主要是从传统身份社会向现代契约社会、从农业社会向工业社会、从封闭性社会向开放性社会、从计划经济向市场经济的社会变迁和转型”[②]，即“正处在从前现代向现代的转型过程中，虽然前现代性因素依然制约着我国现代化建设，但现代性因素已开始发挥积极作用”[③]。根据中国所处的历史方位，当代中国马克思主义哲学要注重研究

① 《马克思恩格斯选集》第 2 卷，人民出版社 1995 年版，第 33 页。

② 韩庆祥：《时代变迁与哲学范式转换——从革命的哲学到建设的哲学》，《北方论丛》2007 年第 1 期。

③ 韩庆祥：《现代性的建构与当代中国发展》，《理论参考》2007 年第 10 期。

“中国问题”。那么，哪些才是马克思主义哲学视域中的当代“中国问题”呢？韩庆祥教授认为，符合以下几个条件才能成为中国马克思主义哲学视域中的问题：第一，长期存在于中国现代化进程中的具有普遍性的问题；第二，当今时代带有规律性的问题；第三，存在于当代中国社会深层、影响中国发展命运且属于中国自己特有的根本性问题；第四，属于当代中国发展走向和趋势的问题。[①] 从这一要求出发，我们可以发现，当代“中国问题”存在于经济、政治、文化和社会领域之中。概而言之，经济领域中，存在的问题主要是权力市场化现象和粗放的经济增长方式；政治领域中，存在权利服从权力、权力挤压能力以及政府权力的越位及缺位现象；文化领域中，权力对人的过度管制现象依然存在；社会领域中，公民社会仍不成熟，社会不公平及不和谐现象仍然存在。进一步追问，产生这些问题的根本原因是什么，我们就会发现，直接和间接的都与传统权力结构的影响有关，下面笔者逐一进行分析。

一 经济领域的权力干预

30 多年的市场化改革使我国的经济发展取得了巨大的成功，经济领域的独立性越来越明显，但是，在经济领域仍然存在一些不容忽视的问题：一是权力市场化现象，二是不合理的经济增长方式。

① 参见韩庆祥、张艳涛《马克思主义哲学视阈中的“中国问题”》，《社会科学战线》2008 年第 11 期。

（一）权力参与分配导致权力的市场化

权力市场化现象，自改革开放之初就广泛存在于我国的政治和经济领域之中。近年来，随着经济体制以及政治体制改革的不断深化，我国的市场经济体制已经初步建立并且在逐渐完善，但权力市场化现象并没有得到真正的消解。权力市场化严重干扰了正常的市场秩序，对我国正常的经济生活产生了消极的影响。

权力市场化是由“权力寻租”这一概念过渡而来，“寻租理论”是由美国明尼苏达大学的安·克鲁格教授在20世纪70年代创立的。所谓权力寻租，就是政府官员利用政府权力去换取个人私利或维护其既得利益的活动。从哲学的角度看，权力寻租行为本身就是一种权力异化现象。政府权力是公共权力，对于政府权力的执行者来说，他们只有行使权，而并不真正拥有权力。从权力寻租行为来看，这一公共权力已被某些政府官员据为己有，变成了其谋求私利的工具，政府权力也就失去了原有的功能，而异化成了他们的私人权力。

改革开放之前，中国实行的是计划经济体制，而计划经济正是传统权力结构的一个直接产物。计划经济的一个基本特征就是行政垄断。在几乎所有的行业，从市场准入，到原材料的提供、价格的制定、产量的规定，都是由政府直接规定的。这样，整个国民经济流程的运作，高度依赖于以行政手段为主、实行指令性垂直体系的计划体制，经济运行中指令性控制的源头来自政府的权力，而国家所有制又为行使其权力提供产权上的合法性。因此，在计划体制下政府权力理所当然地全面控制着整个经济生活。权力的市场化之所以形成，就是因为在现存的传统社会层级结构中，政府权力具有某种管制作用，权力依然至上，这种权力不仅掌管、配置许多资源，而且占有许多资源。哪里有权力，哪里就有资源，哪里有资源，哪里往往就有权力的僭越。说到底，在权力市场化的背后有一个权力自上而下的金字塔的社会结构在起着作用。①

改革开放以来，我们原来的计划经济朝着市场化目标迅速推进，经济生活中货币化程度大为提高，市场价格机制已在广泛的经济领域配置经济资源。但是我们的政治体制改革滞后，权力没有按市场运行的规则要求退出经济领域，至今仍渗透于已经相当货币化的社会经济生活，这样就不可避免地出现权力与金钱的置换。经济学家何清涟指出，计划经济体制的遗留问题中，对中国当前改革影响最大的是资源的管理配置问题。我国现在的市场经济体制只能称为“模拟市场经济体制”，它和真正的市场经济体制区别在于，市场经济体制中，资源配置的功能由市场这只“看不见的手”承担。而我国由于种种无法规避的原因，资源配置的功能是由政府部门承担。在转轨期，掌握权力的手介入资源配置，导致权力寻租、腐败丛生。②

权力市场化的影响，首先扰乱了正常的市场秩序。在市场经济时期，市场是资源配置的基础，政府主要起宏观调控作用。在现实的经济活动中，由于利益的驱动，一些

① 参见汪业周《政治哲学视野的社会层级结构研究》，博士论文，中共中央党校，2008 年，第 108 页。

② 参见《权力市场化——中国改革的陷阱——访著名经济学者何清涟》，《经济与信息》1998 年第 5 期。

权力部门总是以自己的权力大小来划定自己的利益范围，把部门利益或个人利益凌驾于其他市场主体之上，牟取非法利益。市场经济环境下，追逐利益是市场主体的基本权利，但必须在有序竞争的框架里进行，权力的参与改变了这种有序竞争的格局。由于政府权力的力量远大于市场的力量，市场配置资源就失去了其应有的作用，而变成了政府权力主导、市场为辅的资源配置方式。这种资源配置方式严重损害了市场竞争的公正性，在一些垄断行业表现尤为明显，最终导致了市场经济体制改革举步维艰。

其次，权力市场化直接导致垄断和腐败的产生。就如最高人民检察院反贪污贿赂总局局长王建明指出的那样，目前中国贪污贿赂犯罪的行业特点越来越明显，大量的贪污贿赂犯罪集中发生在公共权力比较集中、资金比较密集、资源短缺、垄断程度高的行业和部门。[①] 政府对市场的过多参与，大大增强了官员对企业进行各种干预的权力，这种权力设置有可能成为“设租活动”。由设租到寻租，形成一个贪污腐化的恶性循环圈。企业为了自身收益会向政府官员行贿，这样政府权力就通过对市场的干预获得“租金”。并且，官商双方为了保持其既得利益，都千方百计维持原有的租金制度和设立新的租金制度。这种体制衍生出大量官商、官倒及依附于权力阶层的“中介人”。各级政府都有人不遵守政府的规章和指令，不惜牺牲国家和人民的利益换取私利，其结果必然是导致腐败。著名经济学家吴敬琏就说，绝对的垄断必然导致绝对的腐败，绝对的腐败往往根植于绝对的垄断。不打破垄断，

① 《腐败垄断化根在权力市场化》，《证券时报》2006年10月26日第A03版。

腐败断难绝迹，而要想根除腐败，必须从消除权力市场化开始。

最后，权力市场化导致收入差距进一步拉大，使一部分人难以享受到改革开放的成果。权力市场化的泛滥，还有更可怕的后果。在与政治、经济权力共生的庞大“关系网”笼罩下，利用权力谋私的行为已成为社会风气，人们对提高个人收入的“灰色行为”甚至“黑色行为”采取了惊人的默许和宽容态度。因此，权力市场化使社会付出了高昂的经济代价，并引起社会结构和价值观念的恶性畸变。形成了一部分人承担改革的代价，另一部分人享受改革的成果；一部分人被踢出体制保护之外，而另一部分人既享受体制保护，又享受体制外的保护的现象，强烈影响了民众参与改革和发展的积极性。大量事实说明权力市场化的表现只能耗费资源而不能创造社会财富，并且不能推动社会经济的发展，而且由于腐败行为渗透到社会生活的许多方面，导致了分配的不平等和收入的集中化，最后阻碍了以保护和促进民众利益为目的的改革的有序进行。

（二）权力主导资源配置形成粗放的经济增长方式

改革开放以来，中国经济保持了持续的高速增长。1978 年中国国内生产总值为 3645 亿元，2014 年上升为 636463 亿元，年均增长率保持在 9.8%左右，远超同期世界经济增长水平。可以说，中国经济获得了巨大成功，对世界经济发展起到了重要的推动作用。但在经济高速发展的同时，我们也应该清醒地看到所存在的问题。当前我国的经济发展方式仍是以粗放型为主，这种粗放型的发展方式，主要是以“物本”的方式来发展经济。这种“物本”的发展方式在使经济高速发展的同时，也付出了沉重代价。粗放型经济增长方式是指主要依靠增加生产要素的投入，即增加投资、扩大厂房、增加劳动投入，来增加产量，这种经济增长方式又称外延型增长方式。其基本特征是依靠增加生产要素量的投入来扩大生产规模，实现经济增长。以这种方式实现经济增长，消耗较高，成本较高，产品质量难以提高，经济效益较低。在工业化的初期，生产技术水平相对较低，依靠增加资金、人力、物力等投入量来提高产值的粗放型经济增长方式有一定的优势，但在科技是第一生产力的今天，这种“以物为本”的经济发展方式越来越没有发展空间，受制约的瓶颈性因素也越来越多，代价越来越大。

1995 年 9 月 28 日，中共十四届五中全会通过了《关于国民经济和社会发展“九五”计划和 2010 年远景目标建议》，计划中明确提出要使经济增长方式由粗放型向集约型转变。但直到今天，我国的经济增长方式仍然以较粗放的特征为主。有资料显示，我国重要资源的产出效率不仅大大低于发达国家水平，也低于世界平均水平。2003 年我国 GDP 约占世界的 4%，但资源消耗占世界的比重，石油为 7.4%、原煤为 31%、钢铁为 27%、氧化铝为 25%、水泥为 40%。我国用水总量与美国相当，但 GDP 仅为美国的 1/8；消耗每吨标准煤实现的 GDP，仅为世界平均水平的 30%。①

我国经济增长方式的转变为何举步维艰？这里面固然

① 参见《粗放型的经济增长方式该终结了》，新华网（http://news.xinhuanet.com/politics/2005-10/18/content_3641685.htm）。

有一定的历史原因，但根本还在于传统社会的权力结构及其主导下的权力运作方式。在这种权力结构下，社会重权力轻能力、重管制轻服务，忽视对人的解放与开发，使整个社会和企业普遍缺乏自主创新能力。在新中国成立之初，由于国内经济的落后以及特殊的国际政治环境，我国采取了以公有制为主体的计划经济体制，并制定了效仿苏联的经济发展目标，从而使我国走上了优先发展重工业的经济发展道路。由于经济力量的薄弱，在当时的条件下，离开政府的支持，单靠市场的力量根本无法完成既定的经济发展目标。在这种发展目标和现实相冲突的条件下，只有通过政府的强制力量来解决这一问题。就这样，在政府的权力作用下，政府开始直接干预市场和管理经济，一切经济工作都要经由政府的指令性计划才能进行。可以说，在当时的条件下，这样的经济模式对迅速恢复国民经济起到了积极作用，并使我国在某些领域赶上了发达国家。但是，由于技术手段相对落后，当时以增加劳动投入和举全国之力的物力投入为主，最终形成了粗放的经济增长模式，这种经济模式主导了此后几十年的中国经济发展。十一届三中全会以后，我国开始走上市场化的道路，但是，传统权力结构的影响，政府在经济管理和调控中仍然处于主导地位。因此，直到现在，我国还处于体制转轨时期，社会主义市场经济体制仍然没有完善，市场配置资源的功能和作用无法得到充分发挥。并且，由于传统的权力运作方式注重自上而下的管制，从而造成我国经济社会的自主创新能力严重不足，粗放型的经济增长方式无法得到根本扭转。

市场经济要求市场主导资源配置，权力的过多参与必然会损害市场公平，建设时期的政府权力是服务于公众的，是为市场经济营造良好环境的，而不是直接从事经济活动并从中谋取经济利益的。在现实社会中，由于利益的驱动，一些权力部门总是以自己的权力大小来划定自己的利益范围，把部门利益或个人利益凌驾于其他市场主体之上，牟取非法利益。在市场经济下，追逐利益是市场主体的基本权利，但必须在有序竞争的框架里进行，权力的参与改变了这种有序竞争的格局。由于政府权力的力量远大于市场的力量，市场配置资源就失去了其应有的作用，而变成了政府权力主导、市场为辅的资源配置方式。另外，由于 GDP 是政府绩效考核的一个主要指标，各级地方政府为了扩大经济规模，常常无视市场规律，利用所掌握的权力，不顾当地的经济状况是否适合，盲目发展高耗能、高污染的大项目、大工程。他们利用行政力量的干预，把目光都投向那些能快速带动 GDP 的增长和提高地方税收的行业，如建筑、汽车行业等，市场机制全面失灵，结果造成大量的重复建设，导致许多地区之间产业结构严重趋同，无法形成有特色的区域经济。

党的十六届五中全会明确提出，必须把加快转变经济增长方式作为“十一五”时期的战略重点，努力取得突破性进展，使经济增长建立在提高人口素质、高效利用资源、减少环境污染、注重质量效益的基础上。科学发展的根本方法是全面、协调、可持续，如果不加快转变经济增长方式，在不久的将来，我国的资源就将难以为继。并且，生态的破坏也会越来越严重，环境将难以承受，最终必将导致国家竞争力的全面下降。

二 政治领域中的权力膨胀

政治领域中存在的问题，总结起来，就是在一定程度和范围内还存在权利服从权力、权力挤压能力以及政府权力的越位与缺位现象。

（一）权利服从权力

笔者在论及权力和权利的关系时提到，就权力和权利的应然关系来说，权利是权力的来源和基础，权力存在的作用就在于保障公民的合法权利不受侵犯，在权力运行的过程中，应把权利作为权力运行的边界。就人类个体来说，权利与权力最初是合一的；为了保护个体权利，权力与权利实行了分离：权利如生命权、自由权、财产权、追求幸福的权利等留归个体，权力如立法权、执法权、司法权等转让给国家或政府，成为公共权力，国家或政府应运用公共权力服务于公共利益，保障个人权利。然而，在这一历史分离过程中，在我国政治生活中，存在一定程度上的权力对权利的践踏现象：由于对权力缺乏切实有效的制衡，并且由于对权力进行民主监督不力，结果在一定意义上使公民个人权利的保障机制不健全，原本为了保护权利的某种权力造成了对一些个体权利的侵害。原因主要在于传统权力结构造成的对权力缺乏有效的制衡与民主监督，以及传统权力结构的权力至上、自上而下、逐级控制的权力运作方式。

翻开中国的历史我们不难发现，在专制社会时代，对于普通民众来说，根本不存在个人权利，权利只是统治阶级的特权，在那时，权力是完全凌驾于权利之上的。传统的中国社会，总是强调个人服从社会整体，而不太讲求个人的权利。就如邓小平指出的那样："旧中国留给我们的，封建专制传统较多，民主法制传统很少。"[①]改革开放以前，我们总是过分强调先有国才有家，舍小家而顾大家，个人要服从集体，集体利益大于个人利益，几千年专制社会和"大鸣、大放"的"文革"时代所形成的民族心理，深深影响了中国人的权利观，在这样的背景下，讲个人权利在很长一个时期内被看作一种资产阶级的腐朽思想。从新中国成立之初到改革开放之前，人民除了一些最基本的权利之外，很难得到作为一个公民应该享受的普遍权利。在"文革"时期，公民连最起码的生存权也难以得到保障。1978 年之后，随着经济社会的逐步开放，国民的权利意识有了很大增强。但是，权力践踏权利的现象依旧没有得到根本改变，以权代法、以权代理、以权谋私、权力腐败的现象还在一定范围内存在。传统权力结构对中国社会的影响可谓根深蒂固，官本高于民本、人治高于法治、集中高于民主、权力高于权利的现象至今没有完全消除。权力有时可以凌驾于民主监督之上，在官本高于民本、权力高于一切的情况下，一切监督往往流于形式。这里存在的是民众对权力的畏惧，缺乏的是民众对权力的监督。

反观西方社会我们会发现，西方对个人权利的尊重远远走在了传统中国社会的前面，从启蒙运动开始，学者们

---

① 《邓小平文选》第 2 卷，人民出版社 1994 年版，第 332 页。

就对公民权利进行了不懈的追求，并对公共权力保持了高度警惕。在他们看来，权利是人类文明的一种基本要素，既是人的基本价值追求，也是社会进步不可或缺的力量。就如洛克所说，“自然状态有一种为人人所应遵守的自然法对它起支配作用；而理性，也就是自然法，教导着有意遵从理性的全人类；人们既然都是平等和独立的，任何人就不得侵害他人的生命、健康、自由或财产”[①]。在他看来，追求生命、自由和财产的权利是每个人生来就有的，自由、平等和所有权，是人的不可剥夺的自然权利。孟德斯鸠也认为：“不强迫任何人去做法律所不强制他做的事，也不禁止任何人去做法律所许可的事。”[②] 这里笔者并不认为我们一定要照西方那样把个人权利抬到至高无上的地位，但是西方推崇权利的精神的确值得我们学习和借鉴。十六届三中全会以来，中国共产党提出了以人为本的执政理念，正是希望在行使政府权力和保护公民个人权利之间找到一种协调与平衡，减少乃至杜绝权力践踏权利现象的发生。

（二）权力挤压能力

在当前的政治和社会生活中，权力挤压能力现象在一定范围内仍旧存在。早在1939年毛泽东就曾指出：“我们队伍里边有一种恐慌，不是经济恐慌，也不是政治恐慌，而是本领恐慌。”[③] 这种本领恐慌，说到底就是能力恐慌。

① ［英］洛克：《政府论》下篇，叶启芳、瞿菊农译，商务印书馆1993年版，第6页。

② ［法］孟德斯鸠：《论法的精神》上册，张雁深译，商务印书馆1961年版，第154页。

③ 《毛泽东文集》第2卷，人民出版社1993年版，第178页。

21世纪的今日中国，历史任务越加艰巨，国际形势越发多变，国内矛盾越显复杂。在此背景之下，需要解决的问题和克服的困难越来越多，对加强党的执政能力建设提出了更高要求。总体来讲，我们党和政府的执政能力在不断增强。在政府能力的构成要素中，人力、财力、权力是物质性的“硬”力量，公信力、文化力和信息力是非物质形态的“软”力量。改革开放以来，中国政府所依赖和开发的政府能力主要是物质性的“硬能力”，对“软能力”的开发力度不够。[①]“能力恐慌”在许多领导干部身上不同程度地存在：一些人不会用新方法，还是用老方法来解决新问题；“一些人解决复杂矛盾的本领不大”；一些人遇到棘手的问题、复杂的困难、严峻的挑战束手无策，心有余力不足，不能胜任历史赋予的重任；一些人缺乏科学判断形势的能力、驾驭市场经济的能力和应对复杂局面的能力。我们可以看到，在机构改革以及干部调整之际，总有一些干部惶惶不安、如坐针毡，他们是因为缺乏市场经济建设所需要的知识、技能而恐慌。即使在日常工作中，一些领导干部也时常有种恐慌感。比如，在当今的信息社会，办公自动化程度越来越高，面对新的办公设备，由于缺乏高新技术知识和技能，无法驾驭新的办公设备。有些领导怕拿笔写材料，讲话离不开稿子，工作离不开秘书和助理，这是能力恐慌的具体表现。十六届四中全会召开之际，有关部门做了一项问卷调查，调查显示：在受访的县级以上干部中，66.9%的人表示自己驾驭市场经济的能力不强，58.1%的人表示科学判断形势的能力比较弱，表示应对复杂

---

① 参见汪永成《论新世纪中国政府能力建设的战略方向》，《马克思主义与现实》2005年第6期。

局面、依法执政、总揽全局能力不强的，分别占35.7%、43.4%和19.9%。[1]

为什么出现能力恐慌？说到底，与“官本位”的权力运作体制及其对人的控制有关，与不注重对人的解放和开发有关，与权力高于能力有关。这种控制与约束对社会秩序、国家稳定有一定的历史进步意义。但这往往是通过抑制个人能力来实现的，是以牺牲个人能力发展为代价的。在这种权力运作体制下，常常注重先定因素而忽视后定因素，注重狭隘的“人情关系”而忽视市场的“公平竞争规则”，注重非能力因素而忽视能力因素。这种“官本位”的价值观排挤“能力本位”的价值观，容易助长那种排斥“人力”服从“天命”的“前定论”、“给定论”和“命定论”，导致民族创新能力不发达，进而造成中国经济、科技的不发达。市场经济要求配置资源的主体由权力、金钱转向能力贡献和市场，要求人的能力与岗位合理配置，按能配岗，岗能协调，做到有多大能力就给予多大舞台，使人有位更有为。市场经济还要求竞争上岗、能上能下、能进能出，从而最大限度地激发人的创造潜能，发挥整个社会的创新能力。无疑，能力本位的价值观更符合市场经济的要求，因为它倡导“利”“理”“力”“立”理念，主张个人可以凭其后天的努力与奋斗实现自身价值和创造自己的幸福生活，实现个性独立。因此，确立以能力本位为基础和核心的发展机制，对于提高我国的整体国民素质具有现实意义，更有利于促进当代中国发展。

我们党已经开始重视这一问题，党的十六届四中全会

---

① 转自人民网。

明确提出要加强党的执政能力建设，党的十七大报告指出："党的执政能力建设关系党的建设和中国特色社会主义事业的全局，必须把提高领导水平和执政能力作为各级领导班子建设的核心内容抓紧抓好。"党的十八大报告进一步强调：不断提高党的领导水平和执政水平、提高拒腐防变和抵御风险能力，是党巩固执政地位、实现执政使命必须解决好的重大课题。如何提高领导干部执政能力，是当前摆在全党面前的一个重大历史性课题。中国共产党是执政党，各级党员领导干部是构成党的整体的关键，是党所执掌之政治权力的直接承担者。要把党的各项事业不断推向前进，实现夺取全面建设小康社会新胜利的奋斗目标，就必须努力提高各级领导干部的执政能力，使能力恐慌的局面得到根本扭转，否则，将会动摇中国共产党的执政基础。

（三）政府权力的缺位与越位

在当前的政治生活中，政府职能的缺位和越位问题仍时有发生。当今经济社会生活中存在的许多问题皆与此有关。政府职能的缺位集中表现在未能及时有效地为公众提供丰富的公共产品与必要的公共服务，也未能及时有效地协调好各种利益矛盾；[①] 需要提供公共产品、公共服务并协调各种利益矛盾的地方，一些政府部门往往缺位，比如治理环境污染，解决社会不公平及上学难、就业难、买房难和看病难问题。环境污染，主要是由于一些政府部门考察领导干部的政绩主要看 GDP，实行地方保护主义。我国

① 参见高尚全《加快推进行政管理体制改革》，《学习时报》2006 年 3 月 20 日第 4 版。

的改革确实取得了举世瞩目的成就，国民生产总值已经位居世界第二位，但另一方面我们也应该看到，我国的国民个体收入与公共福利却严重滞后。我国的社会公平现状很不乐观，这说明政府部门调控能力还有待加强。上学难、就业难、买房难和看病难，表明一些政府部门没有为民众提供真正切实有效的丰富的公共产品与公共服务。政府职能的越位集中表现为一些政府部门利益膨胀。凡是存在利益的地方，一些政府部门往往越位。征用土地也好，教育高收费也好，大都是得到一些政府部门批准、允许和认可的。

深究政府职能缺位、越位的原因，我们就会发现，这些仍然与权力至上和“官本位”的政府权力运作体制有关。这种体制往往固守权力，注重对资源的控制与占有，却不注重供给与服务，也就是说它重管制轻治理、重私人特权轻公共服务。

在社会公共领域，政府既要追求公平，又要为民众提供优质的公共产品与公共服务，然而一些政府部门及官员却以权谋私，对逐渐拉开的贫富差距调节不力，服务不到位，没有提供优质的公共产品，这叫作“缺位”。就政府与市场的关系来说，政府主要是对市场进行宏观调控，在市场机制失灵，也就是在市场运行过程中出现自身无力解决的问题时，运用政府的强制性手段给市场提供服务；就政府与社会的关系来说，政府要为社会提供社会发展所必需但社会和个人又不愿或没有能力提供的服务。概而言之，政府就是要从宏观方面对经济和社会事务进行管理。但在实际运作过程中，我们看到，一些权力部门往往注重前期的行政审批，而忽视后期的监督管理，因为行政审批权为其带来经济利益，而对企业的监督管理既要付出时间和精力，又很难带来利益。曾经发生的三鹿婴幼儿奶粉等食品安全事件给我们带来深刻的教训，暴露了我们的政府监管机制存在严重漏洞。“从某种意义上说，正是政府职能机构的迟钝、拖沓甚至是麻木，才导致类似三鹿这样的企业敢置社会责任于不顾，生产和销售劣质产品，危害消费者健康。”[①] 再比如，假冒伪劣商品为何屡禁不绝，除了制假造假者自身的原因之外，还跟一些地方政府对当地的造假、贩假窝点，出于地方保护动机，行政不作为甚至保护有关，从而导致假冒伪劣商品的泛滥。

在市场经济领域，主要靠“看不见的手”来追求效率，政府的职能主要是营造一个良好的公平竞争的环境，然而一些政府官员却使权力市场化了，这叫作“越位”。政府既“掌舵”，又“划桨”，除了为企业制定经济政策，还干预企业的人事和经营，同时充当了“裁判员”和“运动员”角色，使得企业难以自主经营，也就无法成为市场的主体。任何政府行为都要在政府职能范围内，如果政府的作用范围超出政府职能以外，肯定是管了不该管的事情，同时就会造成许多该管的事没有管，其结果将是该管的事情没管好。所以，政府做到有所为有所不为，是非常必要的。那就是，属于市场部分的，就让市场那只“无形之手”自发调节，政府不要插手；属于政府调控部分的，就与市场保持一定的距离。总之，转变政府职能，把不该由政府管理的事项转移出去，把该由政府管理的事项切实管好，从制度上更好地发挥市场在资源配置中的基础性作

① 参见邓聿文《企业履行社会责任须有严格监管》，《学习时报》2008年9月22日第4版。

用，才是政府的应有职责。

三 文化领域的权力管制

当今中国文化的主题，从哲学角度讲就是人的价值取向、人格和生活方式问题。文化领域存在的主要问题，从政治哲学角度看，就是依附性人格有余主体性人格及创造性人格不足，较注重控制人不够注重解放人。[①]

（一）注重“控制人”而不够注重“解放人”

作为中国传统文化重要组成的儒家文化，蕴藏着丰富的合理因素。但在中国封建社会，统治者却往往用其所包含的伦理道德来束缚人，即使作为维护社会秩序的法律也要借助于宗法组织力量来实施。对于一个家庭和家族来说，宗法血缘的依附关系是很重要的。在这种宗法家族管制下，人被牢牢束缚于家族之中，个体联合成为一个有机的整体，并消融于整体的关系之中，群体的利益和价值高于个体的利益和价值，当个人利益与群体利益相冲突时必须服从群体利益。这种群体利益至上的思想忽视个人、反对立异，在传统社会，还曾发展到程朱理学所宣扬的“存天理，灭人欲”的极端。这种强调控制、等级和秩序的思想文化，极大地限制了人们在社会中的自由流动，影响了主体意识、个性自由和人的创造潜能的发挥。这种道德伦理和价值取向，将人性束缚在一个框架之中，形成了一副

① 韩庆祥：《政治哲学视野的“中国问题”及其解决路径——公正为基的能力主义》，《中国社会科学内刊》2008 年第 1 期。

坚固的人性枷锁。关于封建专制社会和文化对"人"的压抑，鲁迅对之进行了深刻的批判："我翻开历史一查，这历史没有年代，歪歪斜斜的每页上都写着'仁义道德'几个字。我横竖睡不着，仔细看了半夜，才从字缝里看出字来，满本都写着两个字是'吃人'！"①

高扬科学、民主旗帜的"五四"新文化运动，主题就是"立人"，即塑造主体性人格。当腐朽的封建专制统治无力支撑社会发展的大厦时，社会变革就不可避免。政治变革往往是以思想变革为前提的。"五四"新文化运动时期以鲁迅为代表的现代思想革命的先觉者和启蒙思想家认为，如果国民素质孱弱，即使有现代化的武器，也不可能强大。新文化运动的领袖人物陈独秀在《新青年》杂志创刊号发表的《敬告青年》中提出了新青年的六项主张，其首项即为"自主的而非奴隶的"。青年时代的毛泽东也投入了极大的热情，他认为："人类之目的在实现自我而已。实现自我者，即充分发达吾人身体及精神之能力至于最高之谓。"② 他还说："现在国民性惰，虚伪相崇，奴隶性成，思想狭隘，安得国人有大哲学革命家、大伦理革命家，如俄之托尔斯泰其人，以洗涤国民之旧思想，开发其新思想。"③ 他们通过吸收世界先进文化，反思、批判中国历史的"非人道"现象和传统文化的惰性，提倡思想上的"立人"主张，强调立国先立人。他们认为，人是社会的主体，是文化的根本，思想启蒙、社会变革和民族强盛"首在立人，人立而后凡事举"。因而，"尊个性而张精神"，"掊

① 《鲁迅全集》第1卷，北京人民文学出版社1981年版，第424—425页。

② 《毛泽东早期文稿》，湖南人民出版社1990年版，第246—247页。

③ 同上书，第639页。

物质而张灵敏，任个性而排众数”，才是社会变革的当务之急。[①] 这些思想家进一步认为，要“立人”，就要进行思想启蒙，就要反叛“非人”的思想和“吃人”的社会制度，就要揭露“吃人者”的把戏和“被吃者”的人性弱点。所谓“立人”，就是怀疑和反叛一切制约人的生命和思想的意识观念和社会制度，确立人的独立意识与主体人格，促使人的主体意识的觉醒，开发民众的智慧与能力。这里，立人之“人”是一个个具有权利、独立人格和主体意识的生命个体，而不是人民等抽象概念。一些启蒙思想家指出：真正的人道主义要关怀具体真实的个人，强调每一个具体的生命个体的意义和价值。然而，由于中国封建社会历史的包袱过于沉重，封建文化遗毒极深，人的惰性太大，新文化运动进行的时间又短，更主要的是中国缺乏“立人”的经济基础和政治基础，所以，新文化运动对主体性人格的塑造是不彻底的，人格并没有发生根本转变。[②]

新中国成立之前，中国共产党的首要问题是进行政治革命，解放全中国。在那个阶级矛盾极其尖锐的时代，需要解决的主要问题是中国政治制度的变革，主要任务是武装斗争。新民主主义革命的胜利，标志着中国人民在政治上得到了解放。但在这一年代，由于国际国内的特殊形势，党的工作重点还是武装革命，主要思维方式仍是阶级分析，革命实践的主题依旧是打破旧世界建立新世界。因此，在严峻的革命形势下，在经济、政治和文化领域清算封建思想遗毒、培育人民群众的素质和塑造具有新型独立人格的个人，并未提到议事日程上来。

① 《鲁迅杂文全集》，河南人民出版社 1994 年版，第 18—19 页。

② 参见韩庆祥《论以人为本的深层意蕴》，《中共中央党校学报》2006 年第1 期。

在新中国成立后一段时期，党把主要精力放在抓党内政治斗争上，虽然在中共八大上已经把我们国内的主要矛盾界定为“人民对于经济文化迅速发展的需要同当前经济文化不能满足人民需要的状况之间的矛盾”，同时也开展一些诸如扫盲、发展教育事业等提高人的素质方面的工作。但是，由于受革命斗争思维方式的影响，并未把建设问题突出出来，而是用革命促生产，用斗争求进步。另外，由于受“左”倾思想的影响，我们曾错误地把知识分子当作消极对象而从世界观上对其加以“教育改造”，更谈不上有计划、有组织和有步骤地进行真正彻底的旨在塑造主体人格的“革命”。“文化大革命”，只不过是一场破坏文化、践踏人性的政治斗争，而不是彻底塑造新型人格的“人的革命”。总之，改革开放以前，中国未曾经历过“文艺复兴”式的、旨在全面彻底塑造新型人格的人的革命，在人的内心深处实行全面彻底的人格塑造的任务尚未彻底完成。[①] 在这场旨在改造思想文化的运动中，不仅对传统文化采取完全否定的态度，而且对知识分子也采取了完全改造的方针，结果变成了一场浩劫。在这场浩劫中，过激的行为代替了理性思考，阶级性取代人性，组织控制抑制了个人发展，人的生命、价值、尊严和权利等遭到极大漠视，对传统文化的冷静分析、对新社会的人格塑造被狂热的革命热情取代。

市场经济是以个体的独立性为前提的，只有确立了个体的独立性，才能最大限度发挥个体的潜能，调动个体的积极性，激发出个体的创造力，从而生产更多的社会财

① 参见韩庆祥《中国现代化建设需要加强人学研究》，《河南师范大学学报（哲学社会科学版）》2003 年第 2 期。

富。市场经济是社会主义社会发展不可逾越的一个阶段，独立性人格也是人的发展必经的一个过程。改革开放以来，在对人的问题研究中，人们逐步认识到人在社会主义建设和马克思主义体系中的地位，进而强调把人当主体看，正确发挥主体的作用。尤其是最近几年，以人为本被提到了很高的位置。但由于旧的传统的惯性作用，在对人的解放与开发方面做得还不够，依旧注重对人的管制和约束。在实际生活中，存在的问题就是一些人的依附性人格有余而平等人格、独立人格和主体性人格不足。因而，进一步解放人的思想，挖掘人的潜能，发挥人的能力，培育人的创新能力与主体性人格，是当今中国社会亟待解决的重大问题。

（二）依附性人格有余而主体性人格、创造性人格不足

个体在环境中成长，总是要受到环境的制约和社会情绪、社会情感、风俗习惯、行为规范等社会制度和文化的影响。传统，就是“依附性人格”背后弥漫的大网，它使得在这个社会中的每个人都逃离不掉。在这个民族灵魂的深处有着根深蒂固的文化烙印，中华民族在追求个人与社会的价值过程中无不体现出这些因素的制约。中国古代的传统文化总体上没有把人引向个性解放和人格平等，关注人的目的主要不是如何有效地解放人和开发人，而是设法用道德、权力、情感和组织有效地控制人和约束人（对人的私欲加以合理控制是必要的），结果“人”字越写越小，把人引向个性泯灭，使大多数人不成其为人，并最终造成了中国人的依附性人格有余，而主体性人格及创造性人格不足。“专制制度的唯一原则就是轻视人类，使人不成其

为人。”“君主政体的原则总的说来就是轻视人，藐视人。”[①] 这正是阻碍中国社会发展的深层原因之一。在中国传统文化中，也曾出现过强调个人尊严和人格独立的话语，比如“三军可夺帅也，匹夫不可夺志也”[②]。在这些思想的影响下，也曾培养出了一些忠勇爱国的仁人志士，但从整个历史进程来看，这仅仅是极个别的现象。

从社会组织来看，我国传统社会是靠宗法血缘关系把人组织在一起的，而宗法血缘关系具有强烈的自闭性。宗法血缘关系是传统中国社会家庭的基础，在传统社会，人们的生活圈子极其狭窄，血缘、亲缘关系便成为主要的社会关系，人们对血缘、亲缘内外的关系处理上有很大的亲疏差别。在血缘和亲缘关系的基础上，人们在政治上、经济上相互依赖，结成了具有某种共同利益的近亲集团，构成了宗法社会的基本单元。相对中国而言，西方社会虽然也重视血缘和亲缘关系，但同时更重视个体的权利和义务，人们对家庭内部成员和家庭以外的人的态度并无太大差别。这种明显的内亲外疏、内外有别的传统思想，对传统中国的社会有着极深的影响。当宗法血缘关系成为人与人之间的主要组织纽带时，就必然对广大地域性国家构成巨大障碍。就如马克思所说的那样：“个人相互间的社会联系作为凌驾于个人之上的独立权力，无论被想象为自然的权力，偶然现象，还是其他任何形式的东西，都是下述状况的必然结果，这就是：这里的出发点不是自由的社会的个人。”[③] 因此，在这样的政治、文化背景下，中国人很

---

① 《马克思恩格斯全集》第1卷，人民出版社1956年版，第411页。
② 《论语·子罕》。
③ 《马克思恩格斯全集》第46卷上，人民出版社1979年版，第145页。

难成长为独立自主的个体，他们只有在复杂的宗法血缘关系中才能存在和发展，“人是直接被巨大的封建纲常伦理制度所压制和湮灭着，人尤其是作为最真实存在的个人的主体性始终没有凸显出来”[①]。而在西方社会，先后发生的文艺复兴和启蒙运动，全面抨击了专制主义和等级制度，提出“天赋人权”的学说，把理性和人权抬到了很高的地位。中国传统社会始终没有发生像西方一样席卷社会各个阶层的人性解放运动，直到今天，在主客二分的意义上所体现的那种人的主体性始终不明显，在人格方面，依附性人格在大多数国民身上或多或少都有所体现。

为什么依附性人格有余而主体性人格、创造性人格不足？归根结底，是由权力至上的自上而下的“金字塔”式的社会层级结构和“官本位”的政府权力运作体制及其对人的控制造成的。中国社会之所以依附性人格有余而主体性人格、创造性人格不足，就在于传统社会与文化过于注重对人进行控制与约束，而不大注重对人的解放与开发。而传统社会与文化过于对人进行控制与约束，而不大注重对人的解放与开发，主要是由于权力至上、自上而下的“金字塔”式的传统权力结构和“官本位”的政府权力运作体制的影响。在这种权力结构与权力运作体制中，往往是重权力轻能力，重依附轻独立，重控制轻开发，强调的是束缚人和控制人而不是解放人和开发人。在这种体制下，道德压制能力，能力服从权力，关系大于能力，权力践踏权利。在这种权力至上、自上而下的“金字塔”式的传统权力结构和“官本位”的政府权力运作体制下，容易

① 韩庆祥、邹诗鹏：《人学：人的问题的当代阐释》，云南人民出版社2001年版，第369页。

形成唯唯诺诺的奴性人格、比上不足比下有余的中庸思想以及重天命轻人力的生活态度和生存方式，这必然造成人格依附和人对人的控制。在这种体制下，人们不愿、不敢也很难创新，最终导致整个社会自主创新精神和能力的缺失。

四　社会领域的权力僭越

当今中国社会的主题，从政治哲学角度讲，主要是社会活力与社会和谐问题。社会领域存在的主要问题：一是与社会活力有关，即公民社会不成熟；二是与社会和谐有关，即存在着某些社会不公平且不和谐的现象。

（一）政府权力过大而公民社会不成熟

公民社会不成熟，集中表现为一些人缺乏平等、独立的人格与创造个性，社会没有完全为个人能力的发挥营造一个良好的社会环境。中国传统社会是国家包揽、支配社会，这也造就了在中国历史上从来没有出现过类似西方社会那样完善的市民阶层。高度的中央集权体制使传统中国的社会团体没有独立性，在我国的传统文化中，很难找到建立公民社会的理论资源。甚至有学者认为，由于传统力量的影响，尤其是中国旧有的反市民社会的传统，所以在现代中国很难建立公民社会。[①] 的确，在过去很长一个时期，由于社会对国家的过度依附，我国的公民社会始终难

① 参见夏维中《市民社会：中国近期难圆的梦》，《中国社会科学季刊》1993年总第5期，第178—179页。

以摆脱国家的控制而获得独立性。今天，公民社会正在逐渐摆脱对国家的依附关系而独立，然而，具体体现国家职能的某些政府部门却在一些方面不能为公民提供及时有效的公共产品与公共服务，公民的民主权利、平等独立的人格、创新能力和创造个性的发挥依然受到制约。这种公民社会的不成熟，既为一些政府官员的腐败提供了土壤与空间，也影响着社会的活力。俞可平在《中国公民社会的兴起及其对治理的意义》一文中指出：培育公民社会是当代中国社会建设领域中日益突出的一个重大问题，其主要作用无疑是推动“善治”（它实际上是国家的权力向社会的回归，是使公共利益最大化的社会管理过程，是一个还政于民的过程；善治表示国家与社会或者说政府与公民之间的良好合作，其本质特征在于它是政府与公民对公共生活的合作管理）在中国的发展。然而，正如市场经济在中国刚实行不久，还很不规范、很不成熟一样，以民间组织为主要载体的公民社会也正处在生长发育阶段，远未定型和成熟。[①]

为什么公民社会不成熟？主要还是与权力至上、自上而下的“金字塔”式的传统权力结构有关，与“官本位”的政府权力运作体制及其对个人与社会民间组织的过度控制有关。这种权力结构下的权力控制使得民众依附型人格有余而主体性人格不足，使民众过于依附与服从于政府权力而缺乏平等独立的人格、创造个性和参与精神，也往往使一些个人的基本需求、合法权益得不到应有的尊重。我们可以从中西方公民社会形成过程的对比中清楚地看出问

① 参见俞可平等《中国公民社会的兴起与治理的变迁》，社会科学文献出版社2002年版，第208—218页。

题的所在。

对于西方发达的资本主义国家来说，其市民社会的形成基本上是由于私人资本的推动，从一开始就具有独立性。而对于传统中国来说，社会处于国家的严密控制之下，从个人到社会团体始终依附于国家而存在，一直处于“大国家、小社会”的状态。改革开放后，伴随着市场的逐步开放，人的解放也开始成为社会发展的主题，公民社会逐渐成长起来。但是，我国公民社会的成长主要是靠政府的力量来推动的，这也造成了中国的社会团体始终笼罩着一层政府权力的阴影。中国的绝大多数民间组织是由政府创建并受政府的控制，尤其是那些经过合法登记的有重要影响的民间组织，像各种商会、学术协会、维权组织、公益组织等。“市民社会内部的活动和管理具有高度但却相对的自治性，而这种高度性说明了市民社会的成熟程度，相对性则表明国家对其不自足的一面进行干预、协调的必要性。”① 中国政府一直在试图增加民间组织的自主性，也采取了各种措施，如规定党政部门现职领导人不得担任各种民间组织和民办非企业单位的领导职务等。但是，政府对重要民间组织的主导始终是中国公民社会的显著特点。西方公民社会的形成过程是与民族国家的建立相伴而行的，作为与国家相对抗的一种力量，西方公民社会在维护其独立性时力争使自己免受国家的干预和侵犯。由于其独立的演化过程，发展到今天，西方公民社会已成为制衡政府权力的强大力量，而不是像中国一样处于受政府支配的地位。

---

① 邓正来：《国家与社会：中国市民社会研究》，北京大学出版社 2008 年版，第 117—118 页。

据俞可平的研究，中国政府对公民社会的控制是通过以下几种途径得以实现的：其一，根据政府有关民间组织登记和管理条例的规定，任何民间组织的登记注册，都必须以某一个党政权力机关作为它的主管部门，作为主管机关的权力机关必须对该民间组织负政治领导责任。其二，绝大多数有重要社会影响的民间组织都是由政府自己创立的，尽管它们最后从组织上逐渐脱离了其创办者，但两者之间依然有着极为紧密的联系，创办者照例通常是这些民间组织的主管部门。其三，1998年中央政府发布文件重申现职处以上党政机关干部不得担任民间组织的主要领导，但是几乎所有重要的社团组织的主要领导一般都由从现职领导职位退下来的或从机构改革后分流出来的原政府党政官员担任。其四，按照政府的有关规定，民间组织的经费原则上由其自己筹集解决，但事实上至今还有一些重要非政府组织的活动经费由政府财政拨款，在经济上完全依赖于政府。上述四个原因决定了中国目前的民间组织从总体上来说，是政府主导型的民间组织，具有十分明显的官民两重性，其对政府机关的依赖程度要高于西方的民间组织，而其自主程度则要低于西方社会。[①] 正是由于当前中国的社会团体多是官办或是半官办的性质，因此他们总是作为政府部门的附属物而存在。我们看许多中国的民间社团，从管理体制到办事作风，都和行政单位极为相似，依旧是权力至上，"官本位"横行。本应该采取社会管理的方式，起到对政府权力的补位作用，却仍沿袭权力部门的管理方式，窒息了其服务精神；本应是非营利组织，却热

① 参见俞可平等《中国公民社会的兴起与治理的变迁》，社会科学文献出版社2002年版，第216—218页。

衷于搞创收，变成了营利组织。总之，中国公民社会的这些现状是其不成熟的基本表现，预示着在当前中国建构完善的公民社会还有很长的路要走。

（二）存在社会不公平及不和谐现象

当今中国社会不公平及不和谐现象主要表现在以下方面。

第一，收入分配不公，收入差距过大。据新华网报道，江苏省统计局对2006年全省城镇单位从业人员平均劳动报酬进行统计分析表明，不同单位劳动报酬差异较大，突出表现为不同行业工资差距很大，最高与最低的差距近7倍。根据对统计数据的分析，2006年，平均工资水平最高的行业仍然集中于垄断程度较高的行业。平均工资最高的行业为：证券业，63553元；烟草制品业，62677元。这两个行业成为江苏省仅有的全年平均工资超过60000元的行业。平均工资水平最低的是从事农业的城镇单位，仅为9110元。最高与最低的差距近7倍。[①] 这一社会现象值得我们高度重视，它表明，我们所追求的社会和谐在很大程度上已经受到收入分配不公的挑战。收入分配不公主要是竞争机会和过程的不平等，而收入分配差距过大则反映了收入分配结果的不平等。收入分配不公不仅直接导致收入分配产生差距，并使这个差距不断加大。现代社会的发展理念认为，发展要遵循相同的规则（规则公正），平等的权利和机会（机会公正），人人凭业绩也就是能力立足（尺度公正），有为必有位，各得其所（结果公正）。而当

① 《江苏：不同行业间工资收入最大相差近七倍》，新华网（http：//www. js. xinhuanet. com/xin_ wen_ zhong_ xin/2007-05/17/content_ 10055448. htm-）。

代中国发展过程中存在的一个主要问题却是：一些人不能公平地占有社会资源，没有真正享受到社会发展的成果，而另一些人却占有了过多的资源；一些人有能力却得不到应有的发展机会，另一些人能力小却凭人情关系和特权占有了过多的机会；一些人有为却无位，另一些人在其位却不谋其政。

第二，社会问题、社会不稳定因素增多，社会风险加大。亨廷顿的现代化伴随着风险的观点，已经得到许多国家经济社会发展实践的验证。他认为，从农业社会向工业社会过渡时期，就是社会结构错动、社会诉求增强、社会问题增多、社会秩序失范、社会风险易发时期。这种由社会结构不协调、民众诉求得不到有效表达而产生的矛盾积蓄起来，会在社会的薄弱环节释放。如果激烈程度较高的冲突连连爆发，就会使社会出现风险。一定意义上也可以说，我国正在进入风险社会。当前，社会结构中导致社会不稳定的风险源主要有：一是政治风险源即腐败，导致人民对政府权力认同度降低；二是经济风险源即失业，导致普通劳动者、贫困群体的利益受损；三是社会风险源即贫富悬殊，导致一些社会成员产生相对剥夺感；四是体制风险源即人民的诉求得不到应有的尊重与表达。随着利益群体的不断多样化，人们利益表达的要求日益强烈。如果正常利益表达的渠道不畅通甚至缺失，人民群众的诉求得不到尊重和表达，就会产生不满情绪。由此，我国改革开放逻辑上进入“表达诉求与矛盾突显”期。[1]

第三，人与自然没有真正和谐相处，出现了环境污染，

---

① 参见韩庆祥《开辟当代中国人学研究的新道路》，《社会科学战线》2006年第2期。

从而破坏了生态平衡；人与社会没有达到和谐相处，社会发展一定意义上是以牺牲某些个人发展为代价，一些人为改革发展承受了代价却没有享受到成果；人与人之间未真正达到和谐相处，出现了收入分配差距过大和利益矛盾突出的现象，一些人缺乏诚信友爱，一些官员与民争利；人本身的发展出现了不协调，有些人物欲横流而精神荒芜，贪欲膨胀而自律缺失，世俗强化而理想缺失。现代意义上的和谐社会应是社会成员的基本权益能够得到保障的社会，是社会成员有平等的机会并遵循合理规则充分发挥其能力的社会，要求运用各种有效手段，统筹各种社会资源，综合解决协调发展问题。社会主义和谐社会要求既体现公平，又能促进效率，它是公平和效率的统一。它要求既要包含社会发展的动力机制，又要能体现社会发展的平衡机制，它是动力机制与平衡机制的统一。它既是一种价值目标，又是一种不断推进的现实的社会历史过程，它是价值目标和社会历史过程的统一。显然，我国的社会现状距离这一目标还有很大的一段距离。

为什么存在着社会不公平且不和谐的现象？其直接原因是与失业、贫富悬殊、腐败、人们没有完全做到各得其所及民众诉求得不到通畅表达有关，但根本原因却与权力至上、自上而下的“金字塔”式的传统权力结构和“官本位”的政府权力运作体制造成的公共治理不健全有关。在今天，传统权力结构和“官本位”的政府权力运作体制一定意义上会导致权力的市场化和权力的私有化。由于政府在资源配置中仍起着举足轻重的作用，一些拥有行政权力的政府官员，并不把自己作为市场经济的服务者，而是作为管理者，利用手中的权力，向企业寻取租金，提供不公平的竞争环境。权力的市场化和私有化必然导致公正理念的缺失，公正理念的缺失必然引起分配秩序的混乱，如权力部门利益的膨胀化、拥有权力的人利用权力寻租、权力参与分割“蛋糕”等。他们同时还想方设法阻碍政府体制的深化改革，努力维持对经济行为的行政干预，不断寻找制度的空子获得非法收入，聚敛财富。分配秩序的混乱带来的直接结果，就是社会各阶层之间的利益冲突。这种利益冲突必然产生社会分化，具体表现在涉及利益问题时人与人之间难以达成共识。许多人往往从自己的特殊利益而不是从共同利益出发来看待问题，许多人开始以“站队”的思维或对立的思维来思考问题，不再把社会看作一个整体存在；富人阶层与穷人阶层之间出现一种互相敌视的倾向；多数部门都在强化自己的局部利益，不再以全局的眼光来看待问题等，而这种社会分化最终产生了这诸多的社会不公平及不和谐现象。

第四章

新型权力结构的理性设计

现代化进程实质上就是领域不断分离的过程，现代性的重要标志之一就是“领域分离”，即经济领域、社会领域与政治领域的分离。可以说，当代中国已经不可逆转地朝“领域分离”的方向发展，市场经济、公民社会必将迎来更大的发展空间。这种分离表明，中国社会转型不是一个体制问题，在根本上来说是从传统到现代的社会结构转型问题，是一个改造传统权力结构的问题。而改造传统的权力结构，就必然要提出三个问题。第一是“为什么”的问题，即为什么要形成这样的新型权力结构；第二是“是什么”的问题，就是新型权力结构的具体形态是什么；第三要追问“什么用”，也就是设计这样的新型权力结构有何意义。对这三个问题回答清楚了，改造传统权力机构的问题也就解决了。首先看“为什么”的问题。有两个原因可以回答这一问题：一是社会发展的必然要求，具体来说就是“领域分离”引发社会结构转型，社会机构转型必然要求传统的权力结构随之变迁；二是解决“中国问题”的现实需要，传统权力结构是产生“中国问题”的深层原因，因此要解决“中国问题”就必须从根本原因入手。其次看“是什么”的问题。改造传统权力结构，就必然要同时设计出一个科学合理的新型权力结构。具体而言，就是把传统注重纵向政治权力控制、对政治权力缺乏制约的“金字塔式”权力结构，转变为由社会主义市场经济的经济权力、公民社会的民主权力和服务型政府的公共权力所构成的“三维互动”的新型权力结构。再来看第三个问题。在当代中国，如果权力结构的问题解决好了，不仅传统权力结构下产生的现实问题将迎刃而解，并且社会发展的动力机制也将得到重塑。这不仅对完善当代中国政治哲学体系建设有着重要的理论意义，还能起到推进当前正在进行的政治体制改革的现实作用。

一　新型权力结构的形成原因

改造中国传统的权力结构，首要就是反映领域分离的发展趋势与解决中国的现实问题，因此，“领域分离”与“中国问题”就成为新型权力结构形成的直接原因。

（一）“领域分离”导致了传统权力结构的消解

1978年以前的中国社会，采取的是以计划经济为主的经济模式，经济领域处在政治权力的管制之下，这时的经济领域并不具有实质意义，因为其所拥有的权力非常有限；同时，也不存在独立意义上的社会领域，社会领域也被政治权力控制。可以说，中国经济领域和社会领域的权力实际上都由政治领域掌握，也正是由于这一原因，改革前的中国，无论从经济还是社会的角度考虑，都已经到了濒临崩溃的边缘。如果不能迅速发展经济，带领中国人民走出困境，中国共产党执政的合法性基础就会发生动摇，中国的社会主义制度就有可能要退出历史舞台。党和国家的领导人也深刻认识到了这一点，邓小平在改革开放之初就指出："我强调提出，要迅速地坚决地把工作重点转移到经济建设上来。"[①] 在1992年南方谈话中说得更为清楚："不改革开放，不发展经济，不改善人民生活，只能是死路一条。……为什么'六·四'以后我们的国家能够很稳定？就是因为我们搞了改革开放，促进了经济发展，人民生活得到了改善。"[②] 要迅速发展经济，就必须进行彻底的市场化改革，所以说，中国走改革开放的道路是历史的必然选择。

改革开放是领域分离的动力来源，领域分离是从经济领域与政治领域的分离开始的。1978年之后，中国走上了改革开放的道路，并率先在经济领域开始了市场化改革。在市场化改革的过程中，政府不仅放弃了对市场机制的限制或压制，而且政府自己的行为方式也日趋"市场化"，开始有意识地逐步放弃使用了几十年的计划调控手段，转向与市场机制相适应的宏观调控手段。政府主要通过三种方式实施宏观调控：一是通过立法、司法确立和维护经济秩序，建立起"法治经济"，对国民经济实行"依法管理"。二是强化政府综合经济管理部门的职能，运用经济杠杆，通过控制税率、利率、汇率以及货币供给等宏观经济参数实施宏观调控。三是放弃计划体制时期的"部门管理"模式，逐步建立并完善"政府—行业协会—企业"三位一体的行业管理模式。从目前来看，在价格的形成、产

① 《邓小平文选》第3卷，人民出版社1993年版，第11页。
② 同上书，第370—371页。

品和要素的流通与分配方面，市场机制已经占据了绝对优势地位，而计划机制基本上已经退出历史舞台。下面几组数据可以使我们更清楚地看到经济领域从政治领域中分离的过程。计划经济时期政府对经济权力的控制主要是通过控制国有企业来进行的，因而我们可以从所有制结构的变化清晰地看出权力格局的变化。从1978年到1997年，所有制结构发生了巨大变化，基本趋势就是国有经济比重大幅降低，而非公有制经济比重急速提升。统计数据显示，按产值计算，国有经济在工业领域所占比例由1978年的77.6%降到1997年的26.5%，集体经济所占比例由22.4%增加至40.5%，非公有制经济比例从0升至32.9%。[①] 很明显，中国的市场化改革“虽然没有使国有企业获得真正的独立，没有使它们完全成为市场的权力要素，但却有力地推进了‘政企分开’，大大削弱了政府对企业的控制能力。可以说，今天的国有企业是由政府和市场共同控制的权力要素，既不完全属于政府，也不完全属于市场。但是，总的演变趋势却是非常明朗的——政府的控制力将进一步减弱，而市场的控制力将进一步加强”[②]。改革开放以来中国所有制变化表明，政府独家垄断的权力格局已经被打破，市场控制了越来越多的权力要素，而政府控制的经济权力在不断削弱。这也就是说，经济领域虽然现在不拥有完整意义上的经济权力，但这一领域的权力增长却是一个必然的趋势。可以说，经过30多年的改革，

① 参见《中国统计年鉴（1993）》，第414页；《中国统计摘要（1998）》，第10页。

② 康晓光：《权力的转移——转型时期中国权力格局的变迁》，浙江人民出版社1999年版，第71页。

在经济领域，市场机制已经夺取了原来由计划机制控制的绝大部分领域，占据了资源配置的主导地位。这意味着经济领域已经逐渐摆脱政治领域的控制获得完整意义上的独立性，领域分离日趋明显，新的领域格局已在形成之中。

市场经济在不断发展的同时，也催生了中国公民社会的形成。有资料显示，改革开放以前，中国公民社会的发展非常缓慢，到20世纪60年代，社团的类别仍然十分单调，主要是工会、青年团、妇联、科协和工商联等9类群众组织，全国性社团的数量不到100个，地方性社团也只有6000个左右。[①] 改革开放初期，中国在经济上推行以计划经济为主的社会主义公有制，在政治上实行中央高度集权的一元化领导，在社会领域内，除了少数如“民盟”“九三学社”等团体以民主党派的形式存在之外，没有其他独立性的非政府组织。在这一时期，公民社会不仅在实践上没有发展，就连理论上也没有人对其进行探讨，也就是说，无论在理论上还是在实践中，社会这个概念都是缺失的。从20世纪80年代初开始，一个相对独立的公民社会慢慢成长起来。促进中国公民社会成长的有两个主要因素：一是自上而下的国家因素，这是主要原因。这一时期，公民社会赖以存在和发展的经济和政治环境发生了根本转变，公民社会需要一定的政治基础，没有一个相对民主、宽松的政治环境，对于政治主导型的中国社会来说，很难想象公民社会的存在与发展。1989年之后，中国政府颁布了《社会团体登记管理条例》，对各种民间组织进行了重新登记和清理。1998年10月国务院进行较大修订后

① 参见《提高构建社会主义和谐社会能力（增补本）》，中共中央党校出版社2005年版，第137页。

又颁布了新的《社会团体登记管理条例》，同时还第一次颁布了《民办非企业单位管理条例》。这两个条例的颁布，标志着对民间组织的“分级登记，双重管理”的政府监管模式的形成。据统计，到1998年这类组织已达到70多万个。[①]从这一时期中国公民社会的成长来看，这是一个政府权力向社会领域和经济领域转移的过程。二是自下而上的社会因素。自1992年之后，随着社会主义市场经济体制基本确立，大量的社会团体、行业协会等非政府组织涌现出来，形成一股不可小觑的社会力量。政府也开始把一些管理职能转交给这些民间组织，政府和公民社会之间的界限逐渐明朗。

市场、社会和政府关系的变化，昭示着三大领域的分离趋势，说明传统的社会结构已经发生了根本性的变化，传统的权力结构正在逐渐消解，原来的单极权力格局已开始转变为多极权力格局。这正如康晓光所说：“社会结构变迁的实质就是权力多极化，而权力多极化的实质是经济领域和社会领域从政治领域的统治下逐步获得‘解放’的过程。更确切地说，是经济领域和社会领域从政治领域夺取经济权力和社会权力的过程。其结果就是经济领域和社会领域的自主性逐渐提高，它们的权力也逐渐形成。”[②]

（二）解决“中国问题”有赖于新型权力结构的建立

在本书第三章对“中国问题”进行权力性解读的时候

---

① 参见民政部编《中国民政工作年鉴（1999）》，中国社会出版社2000年版，第379页。

② 康晓光：《权力的转移——转型时期中国权力格局的变迁》，浙江人民出版社1999年版，第59页。

笔者就指出，“中国问题”实质上是一个“问题群”，具体表现在经济、政治、社会和文化各领域之中，而这一“问题群”的总根源就在于传统的权力结构和权力运作方式，而权力运作方式是由权力结构决定的。因此，解决“中国问题”就必须从改造传统的权力结构入手，改造的根本手段就是设计并构建新型的权力结构。

我们先来看经济领域存在的权力干预问题，主要有两种情况：一是权力参与分配导致权力的市场化，二是权力主导资源配置形成粗放的经济增长方式。权力市场化的形成不是在计划经济体制时期的产物，而是在实行市场化改革之后形成的。其根本原因就是，在传统权力结构的影响下，政治权力对经济领域的管制在市场经济时期仍很明显，并且政府手中仍掌握着大量的资源，这就必然导致权力和资本的结合，“权力寻租”现象随之出现。这样，市场主体在竞争过程中就不是处于一个公开公正的环境之中，原因就在于政治权力也作为一个实在的市场主体参与了竞争，严重干扰了市场的有序竞争。并且由于传统社会重权力轻能力、重管制轻服务，忽视对人的解放与开发，这样在市场竞争过程中，市场主体往往利用各种手段竞相追逐政府手中的资源，而不是注重提高自主创新能力，从而导致了社会和企业自主创新能力的缺乏。要解决经济领域的权力干预问题，就必须从构建新型权力结构入手，使市场经济的经济权力真正发挥作用。这里面包括两个方面：一方面是政府的主动放权过程，即政府把本该由市场负责的事务交给市场来处理，而政府要做的就是把自己分内的事情做好；另一方面，从市场的角度来说，就有一个权力逐渐扩大的过程，这一过程实际体现为市场自主性的不断增强。这一权力转移过程的实质在于，逐渐淡化权力因素从而强化价值规律在资源配置中的作用，突出运用竞争机制而非国家计划来促进经济的发展，这样市场竞争就会从原来的注重权力转向重视能力和创新，权力市场化和粗放的经济增长方式就会一步步得到根本改变。

其次来看政治领域的权力膨胀，其具体表现就是权利服从权力、权力挤压能力以及政府权力的越位与缺位。这些问题的主要原因还是在于传统的权力结构，在传统中国社会，以集权为特征的“官本位”思想根深蒂固，致使集权和家长制观念深入人心，分权和制衡观念异常淡薄。这也就导致了中国社会不仅缺乏对权利的应有尊重和有效保障，还缺乏对权力的应有规范和有力制约。要解决上述问题，就必须改造传统的权力结构，因为一切先进理念一旦置于并通过这种权力结构来运作，就会在不同程度上被扭曲而难以得到真正落实，而且也使人在潜移默化中形成以唯上、等级、身份为特征的价值取向、思想观念、文化心理和思维方式。在新型权力结构中，政府的角色必须改变。政府的基本功能就在于利用其宏观调控的手段，为市场创造一个公平竞争环境，解决市场机制和公民社会无力解决的问题。政府的作用是“服务”而不是“管制”，政府应为民众提供公共产品，要求政府由“官本位”走向“以人为本”。政府应站在民众的立场上考虑问题，以政府、企业、民众的三维视角履行自己的职责。政府应抛弃传统的思维定式和管理理念，以社会公众的满意程度作为工作的评价指标，从凭“权力”管制走向凭“能力”管理。总之，政府应凭能力而不仅仅是权力治理国家事务和社会事务；引导民众应以“能力充分正确发挥”为核心作为人生价值取向；倡导企业、社会根据能力业绩配置资源；倡导确立一种淡化先天给定强化后天作为、淡化外在身份强化内在实力、淡化“琢磨人”强化“琢磨事”的思维方式。

再来看文化领域的问题，主要表现就是传统社会比较注重对人的控制而不注重对人的解放，在人格表现上就是依附性人格有余而创造性人格不足。原因在于传统的权力结构与权力运作体制中，政治权力利用各种手段对民众进行束缚和控制，而不是去解放和开发人。往往是强调道德教化和权力约束，淡化主体权利和个人能力，其结果必然是依附大于独立，控制强于开发，道德压制能力，能力服从权力，关系大于能力，权力践踏权利。这将使民众普遍形成唯唯诺诺的奴性人格，使比上不足比下有余的中庸思想在整个社会中流行，并最终导致形成重天命轻人力的文化传统。在这样的文化传统中，人们不愿也不敢创新，社会的自主创新能力严重缺失。因此，解决文化领域的问题，必先解决传统权力结构的问题。在新型权力结构中，政治权力的作用逐步淡化，其他领域权力的作用逐步增强，落实到实践层面，就会对民众的素质提出更高要求，也就必然要从注重控制人转变为解放和开发人，人的独立个性将会得到释放，自主性和创造性将会得到根本提高。

最后来看社会领域的问题，主要就是公民社会不成熟以及存在社会不公平和不和谐现象。公民社会不成熟也主要与传统权力结构以及“官本位”的政府权力运作体制有关。集权传统在中国有着极深的根源，政治主导的社会在中国存在了几千年，正是政治权力对个人与社会民间组织的过度控制，造成了中国公民社会的发展非常缓慢。为什么社会中存在不公平与不和谐现象，根本原因还是在于传统权力结构的影响。前面在分析权力市场化的时候已经提到，政治权力参与市场竞争引发权力寻租，直接导致贪贿等腐败恶行，造成社会公正理念的缺失；同时，权力参与分配还导致了分配秩序的混乱，成为分配不公和收入差距拉大的一个主要原因。这些因素综合在一起，成为导致社会不稳定和不和谐的祸首。新型权力结构中公民社会的力量将会有明显变化，公民的主体意识和社会责任感将会得到增强，公民的政治参与能力和热情将会有很大提高，公民社会的民主权力对政府的制衡作用将会形成。

总而言之，传统权力结构和权力运作方式是“中国问题”产生的土壤和根源，随着新型权力结构的建立，“中国问题”赖以存在的基础将会不复存在，“中国问题”也会随着新型权力结构的建立而逐步消弭。

二 “三维互动”的新型权力结构

1992年中国确定建立社会主义市场经济体制，市场经济会逐步孕育出公民社会，市场经济、公民社会对中国社会发展产生了根本影响，这一影响就在于它将产生经济、社会与政治领域的分离。这种分离过程直接导致社会结构和权力结构的重大变化，即由传统的政治权力至上走向经济力量、政治力量和社会力量共同推动社会发展。现代政治理论认为，如果没有外部力量制约和平衡，仅仅依靠在政府内部对官员的制约和政府机构之间的制衡来有效地防止专制和腐败是很值得怀疑的。相反，如果基于外部力量的这些制衡作用，则未必需要政府部门和政府官员之间的分权和相互制约才能防止专制和腐败。基于这种认识，有学者提出，无论是防止多数人的暴政还是防止少数人的暴政，政治学家应注重的关键因素是社会上的多元制衡，而不是宪法上的分权制衡，尽管后者也是民主得以实现的重要先决条件。[①] 因此，本书提出建立经济力量、社会力量和政治力量横向沟通且相互制约、相辅相成的三维互动的新型社会权力结构。该结构对破解当代“中国问题”，产生中国发展的动力机制，从而把现代化建设事业继续推向前进具有直接的现实意义。这一新型权力结构的基本含义是：（1）市场经济和公民社会的存在，内在要求党和政府干好自己分内的事，减少越位，增补缺位，避免错位，从而有效降低行政成本，提高执政能力；（2）公民社会意味着公民对政党的监督力量及参与意识的增强，有利于减少党员干部的腐败，增强廉政；（3）公共服务型政府既注重与公众平等对话，又注重为社会与公众创造公共价值，提供公共服务，这有利于减少矛盾，增强信任。

（一）市场经济与经济权力

新型权力结构是为改造传统的权力结构而提出来的，这就意味着与传统的权力结构相比，各部分的功能将有根本的变化。与传统权力结构相比，新型权力结构中的市场、社会、政府间的力量对比出现了此消彼长的趋势，它们之间的关系也变得更为复杂。新型权力结构中经济权力的作用可以通过市场与政府、市场与社会的关系表现

---

① 参见［美］希尔斯曼《美国是如何治理的》，曹大鹏译，商务印书馆 1988 年版，第 27 页。

出来。

先来看市场经济与政府的关系。新型权力结构中的市场经济与政府之间是一种互相牵制和平衡的关系，市场的作用就在于，“通过市场活动组织摆脱政治当局的控制，市场便摆脱了这种强制性的权力的源泉。它使经济的力量来牵制政治力量，而不是加强政治力量”[①]。这种牵制和平衡的目的不仅仅是制约政府权力，更为重要的目的是使双方各司其职，做好各自分内的事，这种作用在传统权力结构中是无法得到体现的。我们可以通过改革开放进程中的领域分离和社会结构转型清楚地看到市场经济对政府制约力量的增长趋势，这一制约力量的增长表现为一个从被动到主动的过程。即在改革初期，政府表现为主动让渡权力，而市场则是被动接受权力，这时市场还不具有独立性，也难以起到对政府的牵制和平衡作用。改革发展到一定阶段，市场的独立性逐渐增强，市场主体就开始积极表达诉求，实际表现就是市场开始主动从政府手里争取权力。下面来详细分析这一过程。

我国初期的市场化改革主要是靠政府的推动来完成的，政府权力的支配与干预贯穿了市场化改革的全过程，因此这一改革也被学界称为“政府主导型改革”。在改革的初期，经济领域的权力主要来自政府的主动让渡，当然，这一让渡具有积极意义，这是市场获得独立性的基础；到了改革的后期，市场获得的权力越来越多，尤其是随着现代企业制度的建立，市场主体的独立性更加明显，开始主动表达自己的诉求。在这一过程中，政府对经济领域的控制

① ［美］米尔顿·弗里德曼：《资本主义与自由》，张瑞玉译，商务印书馆1986年版，第17页。

能力逐渐减弱，而企业等市场主体的自主性在逐渐体现，拥有的权力在逐渐增加。在计划经济时期，企业只需对政府负责，而无须考虑市场因素。在市场经济时期，虽然经济领域还没有获得完全独立，政府还对企业有着一定的控制作用，比如对于国有企业的领导人，政府还具有任免权。但是在经营上企业已经成为一个独立的市场主体，政府无法决定企业的盈亏，它的经营业绩是由市场决定的，因此市场经济背景下的企业肯定会更多地趋向于市场因素。市场主体一旦获得足够的独立性，它便会去自由地追求利益，它自身的力量也会不断得到加强，这样市场经济就从政府的控制之下解脱出来。可以说，在政府推动的市场化改革中，造就了一支独立的市场力量，这种力量也就是新型权力结构中的经济权力，这是能够对政府权力起到限制作用的重要一极。

计划经济时期的经济领域完全处于政府的掌控之下，它们之间的关系就是管制与服从的关系。在市场经济时期，市场和政府是相互依存的一个整体，都不能脱离对方而独立存在。一方面，虽然市场经济能够实现对资源的高效配置，但市场并不是一个完美的体系，它本身是有一定缺陷的。第一，它不能有效地提供非竞争性的公共物品，如国防、基础设施、环境保护和基础科学研究等；第二，它自身得以高效运转的各种条件有赖于外部力量的创造，如制定保证市场有序竞争的各种规则等；第三，它还不能提供许多对我们人类来说是必需的东西，如消除贫困和社会保障等。但另一方面，在商品经济高度社会化、国际化的现代社会，任何一个国家都不可能再实行一种完全的市场自由或完全的政府干预模式。如果仅靠政府干预而忽视市场调节作用，就不可能很好地解决失业和通货膨胀问题；如果光凭市场自发调节，任由私人经济自由竞争、自由发展，就有可能产生经济危机，导致社会财富的浪费，危害正常的经济秩序。只有二者相互结合、相互弥补、相互纠错，才能克服各自的缺陷，保障经济正常运行。这样，才可能使政府与市场有效结合，既促进经济发展，又维护社会公正，使公民的自由与平等得到保障，这样一个相互配合、相互制约、协调统一的关系才是理想的状态。

其次看市场和社会的关系。计划经济时期公民社会几乎是不存在的，市场经济催生了公民社会，为公民社会奠定了基础。但另一方面，市场经济的发展也离不开公民的积极参与，发达的公民社会是市场经济有效运转的基本前提。现代社会是一个商业社会，商业社会中人们最大的心愿就是谋取经济利益。为此就必须有交换场所，有机制保障，更需要有充分的个人自由，市场所确立的人与人之间的“自由、平等、互利”关系，也就是公民社会的基本组织原则。这样，市场经济就成了公民社会经济生活的重要模式。为此，市场经济必然要求政府职能在市场领域必要的退出，同时寻求科学合理的政府行为规范，做到政府职能的真正转换。同时，“公民社会”的一些处于政府与个人之间的行会、协会等中介组织在一定程度上可以依据法律抵制政府的一些不规范行为，同时也能制约放肆的个人主义，使公民的合法自由找到生存的空间，也能使国家强力得到合理的发展，从而确保市场经济的正常运行。

改革发展到今天，已经到了一个比较特殊的时期，特殊是因为在目前，传统权力结构的影响还未完全消除，而新的权力结构正在形成之中并已经开始发生作用。在这一时期，与市场化改革初期有着很大的区别，单靠政府力量的推动已无法满足社会变迁的需要。因此，无论是进一步深化改革，还是推动权力结构转型，都需要有新的动力机制。这一新的动力首先来自经济领域，而且新的动力的强化也有赖于经济领域自主性的逐步提高。经济领域必须首先致力于自己的领域的改革，然后再去推动“公共权力领域”和“社会领域”的变革，改革总体上将循着“经济领域—社会领域—政治领域”的顺序向纵深发展。

（二）公民社会与民主权力

作为新型权力结构中的重要一极，公民社会所具有的权力表现为一种民主权力，这种权力有两个基本表现：一是体现为对政府权力的制衡，二是对国家事务的积极参与。下面笔者通过公民社会的现代含义和基本功能对这种民主权力的作用进行具体论述，进而提出当代中国公民社会的构建原则。

1. 公民社会的现代意蕴

现代意义上的公民社会，对公民提出了两个基本要求：首先，要求公民要具有强烈的公民意识，即公民要成为具有主体意识的社会的主人。公民意识是社会意识的表现形式之一，它不是泛指公民的各种意识，而是特指公民作为政治权利义务的主体而应具有的意识，即作为具有某一国籍的公民所具有的以依法享有一定的权利和承担一定的义务等为主要方面的意识，是公民对自身地位与权利义务以及对实现自身权利和承担义务所采取的手段等方面的认识。所以，公民意识是权利意识和义务意识的有机统一，其核心内涵就是指权利意识和义务意识两个方面。公民意识的培养和确立，有利于扩大公民的政治参与，保证人民当家做主权利的实现。其次是公民要有很强的责任意识，要勇于承担更多的社会责任。作为社会关系载体的公民所做出的行为要对他人和社会产生影响，因而对这种行为就有一定的要求，这种要求导致责任的产生。责任性是人的行为区别于动物行为的一个基本特征。无论从动机还是效果出发来评价人的行为的善恶，行为主体都必须承担责任。公民社会的一个明显特征就是个体对社会责任的承担。人是唯一“每时每刻都必须查问和审视他的生存状况的存在物”[①]，人作为社会主体，只有在能动的活动中用理论的和实践的方式主动地、创造性地改造客体，在主体的对象化活动中自觉实现人的目的，同时也使主体本身得到全面、自由的发展，才算是真正证明了自己的社会价值。承担社会责任表明了公民对社会的认识程度和对人的本质的体认程度、反思程度和显现程度。公民对社会责任承担的深入程度和范围，表明了被社会认可的程度。

参与社会生活的主体都是活生生的具体的人，是具有独立性、自主性的公民，都有不同的个性倾向和自我意识。他们的参与制约着主体活动的效能和主体性的发挥，并形成自己作为活动主体的个性特征和人格力量。有健康个性的个体才是一个完整意义上的人，有健康个性的公民才能积极承担社会责任，追求个性全面自由发展的基本价值目标应是自由地发展其特长与爱好，培养独立的社会活动主体或培养人的独立个性。“公民身份是每个人形成、改变并理性地追求他（或她）自己对善的定义的能力。由

① ［德］卡西尔：《人论》，甘阳译，上海译文出版社1985年版，第8页。

此看来，公民必须尊重他人的权利，他是在这种前提下运用自己的权利去促进自己利益的。”①

在现代社会，利益集团的矛盾对立、文化思想的差异和人的理性的不完备性等原因，导致了人在处理复杂的人与自然、人与人、人与社会之间关系时的盲目性和片面性。因而产生了诸如生态失衡、环境污染、对自然开发过度等问题；信仰迷乱、价值丢失，个人主义、人类中心主义空前泛滥。这既是我们时代的发展导致的，也是人的责任心不强的直接后果。由此可见，公民的社会责任感对个人乃至社会的作用更加明显。

2. 公民社会的功能

公民的主体意识使公民意识到自己是国家的主人，国家机关及其公务员所掌握的公共权力都是由公民赋予并用来为公民服务的，每一个公民都有对国家大事的参与权以及对各级官吏的选举权、罢免权和监督权，还有对国家事务和社会生活事务的管理权。公民的责任意识能使公民具有强烈的责任感和使命感，把参与国家事务看作自己的分内之事和应尽义务，使公民感觉到自己对国家有一份不可推卸的责任。有了这种意识，公民才会正视自身的存在和作用，才会能动地参与政治运作过程，去自觉实现自己当家做主的权利。这种权利体现为公民社会的民主权力，也正是由于这种民主权力的制约，反过来促使国家机关及其公务员正确行使公共权力。

具体来说，公民社会作为一种民主权力，其功能首先必须体现出对政府权力的制约作用。其一，只有当公民社

① ［美］查特尔墨菲：《政治的回归》，王恒译，江苏人民出版社2001年版，第68页。

会通过各种渠道对国家政治事务形成影响时，政治民主才能出现，这是政治民主的一个前提条件。政府无法培养公民民主的生活方式，只有在公民社会中才能形成。社会主义民主政治的根本目的，就是实现和保护公民的基本权利。在公民社会中，“民主不再是一种理念，也不仅仅是一种政治体制，民主是一种实实在在的社会生活方式，民主融入了公民的日常生活。而只有当民主成为人们的日常生活方式的时候，民主才能真正实现”[①]。其二，公民社会的民主权力还是推动政府改革的外部动力，“政府的改革既需要内部的动力，更需要外部的动力。在推动政府改革的外部动力中既有来自公民个人的，也有来自民间组织的，而且后者通常要比前者更强大。许多民间组织，尤其是那些专业性学术研究团体，具有丰富的专业知识，越来越多的专业社团开始承担起政府智囊的角色，为政府决策提供咨询和参谋，从而对政府决策产生重要影响，推动政府的决策民主化”[②]。

其次，公民社会作为一种民主权力，其功能还体现为对政治活动的积极参与。因为“公民社会如果仅仅具有制衡能力，而不具有积极的参与能力，那么这种公民社会在功能上就是不完整的，它与政府之间也就不可能形成良性互动的关系”[③]。第一，公民的政治参与，使民意有了一个畅通的表达渠道，不仅使公民的主体性得到发挥，还可以

① 康晓光：《权力的转移——转型时期中国权力格局的变迁》，浙江人民出版社1999年版，第40页。

② 张琳：《公民社会发展与民主政治建设——访中央编译局副局长俞可平》，《理论视野》2008年第6期。

③ 邓正来：《国家与社会——中国市民社会研究》，北京大学出版社2008年版，第18页。

减轻政府的行政成本，这正是民主精神的体现。第二，公民的政治参与，还能提升公共服务的质量。政府和公民社会的对话合作，使公共权力从一些传统管理领域中解放出来，从而能更有效地在公共领域内发挥作用，在降低成本的同时还可以提高公共服务的质量。第三，公民的政治参与还是“公民与政府互为控制的一种重要方式，也是公民社会健康发展的一条重要途径。公民通过政治参与来实现对政府的有效监督与控制，但公民政治参与的有效性更多地受政治体制的影响”。这一点实际上表现出了公民社会和国家之间相互依存的关系，“市民社会依靠从国家得到睿智的领导和道德的旨意。……然而，国家也仰仗从市民社会得到实现它所体现的道德宗旨所需的手段”[①]。还有，“只有公民社会的健康成长和有序发展，才能实现对政治社会生活的有效参与，形成对国家公权力的有效监督，防止权力的滥用”[②]。也正是在这一意义上，我们把公民政治参与的程度看作“衡量国家善治与政治文明程度的一条重要标准”[③]。

3. 中国公民社会的建构原则

在国家和社会的关系上，传统市民社会理论存在两种观点：一种是认为市民社会作为国家的对立面存在，这就是“市民社会对抗国家”的观点；另一种观点认为国家和市民社会之间应是一种良性互动的关系，而不是互相对抗。另外，当代中国一些学者认为：“市民社会与国家的关系很复杂，有许多的方面和层次；就彼此力量的比较而

① 参见 B. Crick, *In Defense of Politics*, 1964, p. 123。

② 张勤：《论中国公民社会的发展与社会政治稳定》，《新视野》2007 年第 5 期。

③ 俞可平：《市场经济与公民社会》，中央编译出版社 2005 年版，第 108 页。

言，存在四种可能的形态：①强市民社会与弱国家；②弱市民社会与强国家；③弱市民社会与弱国家；④强市民社会与强国家。”[①] 对于强市民社会的形态来说，市民社会可以起到有效制衡国家的作用；而对于弱市民社会的形态来说，市民社会就很难具有独立性，处于被国家管制的地位。从总体上来看，中国公民社会始终没有能完全脱离国家的控制，从这一意义上来说，中国的公民社会始终处于弱市民社会的阶段，至少到目前为止还是这一状态。那么，中国公民社会的建构应该选择哪种原则呢？有学者提出，“国家与社会之间的二元对立图式是西欧近代经验的概括和分析框架，不适合于中国”。[②] 从恩格斯的历史合力论思想来看，无疑后一种观点是正确的。按照合力论的观点，社会各领域间的力量是一种交互作用的关系，要使这一种交互作用的力量达到最大化，无疑应该尽量减少领域间力量的相互冲突，因此公民社会与政府间的良性互动关系是合理的，当代中国的多数学者都持这种观点。因为，“从积极意义上看，市民社会的发展培育了多元利益集团，这些在经济和其他领域中成长起来的利益集团发展到一定的阶段，便会以各种不同方式要求在政治上表达它们的利益；这种欲望和活动乃是建立民主政治的强大动力。在这一意义上，市民社会为民主政治奠定了坚实的社会基础。另一方面，在民主政治尚未确立之前，市民社会可以通过各种非官方安排的渠道对国家的各种决策予以重大的影

---

① 景跃进：《“市民社会与中国现代化”学术讨论会述要》，《中国社会科学季刊》1993年总第5期，第198页。

② See Philip C. C. Huang, “‘Public Sphere’/‘Civil Society’ in China: The Third Realm Between State and Society”, *Modern China*, Vol. 19, No. 2, 1993, p. 216.

响，进而逼近民主决策的目标”①。很明显，公民社会与政府间的这种良性互动，是一种双向的、合理的制衡关系，这种互动，使政府的公共权力和公民社会的民主权力之间达到一种理想的平衡状态，从而借以消除双方的内在弊病。这一原则应体现到当代中国公民社会的建构道路之中。

（三）服务型政府与公共权力

“三维互动的新型权力结构”对政府功能提出了新的更高要求，传统政府所担当的角色必须进行转换。具体体现在以下几个方面：在执政方式上，体现为“全能型”政府理念向“有限型”政府理念的转变；在管理模式上，体现为“管制型”政府向“服务型”政府的转变；在权力运作层面，要求构建公共权力运作新秩序；在治理理念上，要逐步推进政府治理的法治化。这几个方面是相互关联、互相促进的。

1. 执政方式——划分公共权力边界，确立“有限政府”理念

传统权力结构下政府的作用是全方位的，不仅履行其基本职责，即维护社会秩序和进行公共管理。另外，政府还占有着社会的所有资源，把本该由市场、社会负责的方面也置于自己的控制之下，管了许多不该管的事情，结果就造成许多事情管不了，也不可能管好。在现代社会，政府的权力行使范围应当是有限的，应有所为、有所不为。政府的作用是为市场创造一个公平竞争环境，搞好宏观调

① 邓正来：《国家与社会——中国市民社会研究》，北京大学出版社 2008 年版，第 13 页。

控，解决市场机制和公民社会无力解决的问题。因此，理想的政府应该是一个“有限”的政府而不是一个“全能型”的政府，而“公务员的首要作用乃是帮助公民明确阐述并实现他们的公共利益，而不是试图去控制或驾驭社会”①。

这里所论及的“有限型”政府就是通常我们所说的“小政府”模式。所谓“小政府”模式，并非指机构的精简以及规模的大小，也不是指角色定位的大小，而是指其作用的范围，就是“在市场经济发展过程中，政府与市场、社会的职能相对分开，最大限度发挥市场和社会的作用的政府运行模式”。与此相对应的政府模式，则是指“包揽市场和社会事务，对经济社会发展进行全面干预的政府运行方式”②。

有限政府理论最早出现在近代西方社会，亚当·斯密肯定市场这只“看不见的手”的作用，主张自由的经济政策，认为“管得最少的政府就是最好的政府”，这是“有限型”政府的最初萌芽。在经历了20世纪二三十年代的经济危机之后，这一理论受到了严重质疑，“大政府”模式重新抬头。随后在20世纪70年代，西方社会出现了更为严重的经济危机，面对新的经济危机以及当代日益增加的国际犯罪、环境恶化、疾病、贫穷等复杂的社会问题，仅靠市场以及单个政府部门根本无法解决，需要将政府以及各种公共组织和私人组织联合起来共同完成。于是，人们终于认识到，政府与市场各有其局限，一个良好的政府

① ［美］罗伯特·B. 丹哈特、珍妮特·V. 丹哈特：《新公共服务：服务而非掌舵》，刘俊生译，《中国行政管理》2002年第10期。

② 参见赵佳琛《关于小政府模式的几个问题》，《天津社会科学》2000年第3期。

治理模式中，政府与市场、社会应在职能上有所分工并保持密切合作。就如英国前首相布莱尔所说："大政府已经死了。……但不能把每件事都交给市场。我们相信政府还是可以有所作为的。"[①] 之后，随着新公共管理运动与政府改革运动的迅速推进，现代"有限政府"理论开始出现，基于这一理念的"有限政府"模式逐渐成为现代西方国家的主流政府模式。实际上，"有限政府"理论并未弱化政府作用，而是认为政府、市场、社会这"三只手"缺一不可。这一理论主张在充分发挥市场机制的同时，辅之以政府的宏观调控，同时扩大社会自治功能，这就是我们通常所提的"各司其职，各尽所能"的"小政府、大社会"的理论。

改革开放以后，随着中国经济体制改革的稳步进行，我国经济、政治、社会的各个层面都在发生深刻的变化，但经济体制改革愈深入，传统权力结构下"大政府、小社会"的弊端就愈加显现出来，改革传统的"全能型"政府的呼声越来越高。我们党也已经认识到这一改革的紧迫性，在党的十七届二中全会审议通过的《关于深化行政管理体制改革的意见》明确指出，我国深化行政管理体制改革的总体目标是，到2020年建立起比较完善的中国特色社会主义行政管理体制。作为这一轮行政管理体制改革的"重头戏"，国务院机构改革方案已提交十一届全国人大一次会议审议。《意见》中说，按照精简统一效能的原则和决策权、执行权、监督权既相互制约又相互协调的要求，紧紧围绕职能转变和理顺职责关系，进一步优化政府组织

① 解亚红：《新公共管理改革的新阶段》，《中国行政管理》2004年第5期。

结构，规范机构设置，探索实行职能有机统一的大部门体制，完善行政运行机制。一些代表们认为，基层政府应当按照此要求加快构建“小政府、大社会；小机构、大服务”的政府管理机制，打造既廉政又廉价的政府。[①]这一改革的目的就是“把原来的一个无限的和无效的政府转变为一个有限的和有效的政府”[②]。

2. 管理模式——“管制型”政府向“服务型”政府转变

依照“有限型”政府的执政理念，必然要求传统的政府治理模式随之转型，即由传统的“管制型”政府转向“服务型”政府。在传统权力结构及运作模式下，政治权力渗透到社会的每一个角落，这样一个“全能型”政府的功能主要体现为管制而不是服务。因此，长期以来，人们对政府职能的理解过于偏重其政治统治职能，而忽视了作为公共权力代表的政府所具有的公共管理职能。实际上，政府作为国家的统治机关和管理机构，在执行政治统治职能的同时，也承担着调整社会关系的职能，尤其在现代社会，这一管理职能更为重要，所以我们才说政府“是从社会中分化出来的一种机构，是由一批专门从事管理、几乎专门从事管理或主要从事管理的人组成的一种机构”[③]。随着经济、政治体制改革的日益深入，要求政府功能转型的呼声越来越高。就如著名经济学家厉以宁教授在接受《人民日报》记者专访时所指出的那样：“转换政府职能已拖

---

① 参见《新一轮行政体制改革：呼唤执政理念共转变》，《每日新华电讯》2008年3月14日第006版。

② 文贯中：《市场机制、政府定位和法治——对市场失灵和政府失灵的匡正之法的回顾与展望》，《经济社会体制比较》2002年第1期。

③ 《列宁选集》第4卷，人民出版社1995年版，第30页。

了太久时间，政府应该把自己的位置摆正，政府应该是社会管理者，为公共服务，如果政府老是包办代替，那么就会阻碍经济体制改革的进展。”[①]

服务型政府是指一种“在公民本位、社会本位理念指导下，在整个社会民主秩序的框架下，通过法定程序，按照公民意志组建起来，以为公民服务为宗旨，实现着服务职能并承担着服务责任的政府”[②]。“服务型”政府的基本要求是公正、民本、民主。公平正义是转型期的社会所面临的最大问题，在我国，服务型政府的首要要求在于维护社会的公平与公正。第二个基本要求是民本。政府的权力来自公民权利的让渡，政府和公民之间实质上是一种“政治契约”关系。因此，政府的作用就在于必须以公民的需求为中心，为其提供高质量的服务，实现社会利益的最大化。如珍妮特·V. 登哈特和罗伯特·B. 登哈特在《新公共服务——服务，而不是掌舵》一书中所说：公共行政官员在其管理公共组织和执行公共政策时应该着重强调他们服务于公民和授权于公民的职责。换言之，将公民置于首位。[③] 早在2004年十届全国人大二次会议期间，温家宝就指出：“管理就是服务，我们要把政府办成一个服务型的政府，为市场主体服务，为社会服务，最终是为人民服务。”胡锦涛也曾提出：“建设服务型政府，是坚持党的全

① 《厉以宁直言改革进程三大难题》，人民网（http：//comments. people. com. cn/bbs_ new/filepod/htdoc/html/5121ea54e9c88b9c215e41e133080105fd26380e/b2532815/l_ 2532815_1. html）。

② 刘熙瑞：《服务型政府：经济全球化背景下中国政府改革的目标选择》，《中国行政管理》2002年第7期。

③ 参见［美］珍妮特·V. 登哈特、罗伯特·B. 登哈特《新公共服务——服务，而不是掌舵》，丁煌译，中国人民大学出版社2004年版，第21页。

心全意为人民服务宗旨的根本要求。”[①] 第三个要求是民主，民主是“服务型”政府的内在要求。民主并非通常意义上的人民当家做主，只要国家还存在，当家做主的就只能是政府，而不是人民。“任何民主，和任何政治上层建筑一样（这种上层建筑在阶级消灭之前，在无阶级的社会建立之前，是必然存在的），归根到底是为生产服务的，并且归根到底是由该社会中的生产关系决定的。”[②] 民主的实质存在于政治管理的过程之中，其根本意义在于人民（或公民）对政府权力的制约。

按照“服务型”政府的三个基本要求，我们可以对其功能的转型进行详细的分解。第一，是由“管制”走向“服务”，要求政府应由“官本位”或“权本位”走向“以人为本”。政府不应只站在自己的立场与利益上考虑问题，也不仅仅是对民众实行管制，它必须具有政府、企业、民众的三维视角，具有公共性视野。政府应抛弃传统的管制观念和思维定式，以工作效率、服务质量、公共责任和社会公众的满意度作为评价指标。第二，由凭“权力”管制走向凭“能力”管理。在当代中国，经济领域的发展趋势是由“物质驱动”的经济增长方式向“创新驱动”的经济发展方式转变，提高自主创新能力是关键环节；政治领域的发展趋势是由“管制型”政府向“公共服务型”政府转变，[③] 凭执政能力提供公共服务、创造公共价值、赢得民众认同、奠定新的权力权威基础，是转变的

① 胡锦涛：《扎扎实实推进服务型政府建设，全面提高为人民服务能力和水平》，《人民日报》2008年2月24日。

② 《列宁全集》第40卷，人民出版社1986年版，第276页。

③ 参见《中国共产党第十七次全国代表大会文件汇编》，人民出版社2007年版，第31页。

核心；社会领域的发展趋势是由“政治控制型”社会向“公民自主—自治型”社会转变，提高公民自主参与社会管理的积极性和承担社会责任的能力是转变的核心。第三，由“一元主导的命令服从”走向“民众参与的民主协商”。过去，政府掌控权力自然也掌控资源，这就容易形成“管听”的关系模式，政府是“管”民众的，民众是“听”政府的。这种关系模式具有一定的历史合理性。新型的权力结构和权力运作方式要求政府把民众看作平等的主体，力求从各个层次、各个领域扩大公民有序的政治参与，最广泛地动员和组织人民依法管理国家事务和社会事务，保证人民当家做主，一些重大事项应注重与民众协商。[①] 要在法治的框架下引导市场力量和社会力量参与公共产品和公共服务的供给，并在这一有序参与过程中，形成政府与社会的有效沟通和相互合作，同时提高政府的监管能力和公共物品供给能力，为公众提供便捷高效的公共服务。

3. 权力运作层面——构建公共权力运作新秩序

权力结构的转型，要求政府、市场与公民关系进行重组，这将引起政府政治权威的基础发生转换。在战争年代和新中国成立初期，国家权力的合法性及其权威来源于革命业绩；计划经济时期，权力的合法性及其权威更多地体现为权力管制和阶级强制，权力运行具有较多的“集权”倾向，国家权力因“威”而显“权”，因“权”而显“威”，具有浓厚的“威权”色彩；市场经济阶段，国家权力的正当性及其权威来源必然发生改变，主要体现为执政

① 参见《中国共产党第十七次全国代表大会文件汇编》，人民出版社2007年版，第28页。

能力、业绩以及公民授权，权力运行更多地体现为“分权”趋势，国家权力和权威因“能力”、“政绩”、“认同”得以体现，表现出来的是一种现代性“权威”意蕴。具体表现为：首先是公民逐渐成为现代社会的主人，对政府提出了新的更高要求，要求传统政府的地位和角色要实现现代转换，政府要转变成为公民提供公共服务的公共权力机构。其次是现代“公民授权”观念的普及化。政治权力来源于个人权利，任何政府权力都是以公民的权利让渡为前提的，这是现代法治社会的基本特征，合法的权力必须经过公民的“授权”，“合法性”影响到“权力和权威的基础……一种纯粹强制形式的统治，将不会煞费苦心地宣传其合法性，因为其合法性在一定程度上是不证自明或天然正当的——至少在‘掌权者们’看来是如此。但是，这种统治形式是一种有限的情况，在实践中绝无仅有。现存的各种‘非纯粹’的强制统治形式，可能都要以合法性为基础，或迟早要取得合法性。这种合法性有赖于制成其统治形式的意识形态或政治神话为人们所接受，或者有赖于统治形式所取得的成就”①。公民是社会的主人，国家和政府是为公民提供公共服务的公共权力机构，那么，政党和政府要建立政治权威，首先就必须获得公民的认同。党和政府要对全体公民提出的正当性社会诉求做出积极回应，才能获得全体公民的认同、支持和拥护。既要顺应社会结构的变化，实现政党、国家与公民的关系模式的重组，又要顺应政党、国家权威基础转换的趋势，把政党、国家政治权威的基础由传统的革命业绩转换为现代的建设业绩及民

---

① ［英］戴维·米勒、韦农·波格丹诺：《布莱克维尔政治学百科全书》，邓正来译，中国政法大学出版社1992年版，第410页。

意资源的支持，由主要靠权力及其权力控制资源获得权威转向主要靠提高执政能力并为民众创造公共价值来赢得权威。

落实到操作层面上，公共权力的运作需要解决两个基本问题，即权力从哪里来和到哪里去的问题。权力从哪里来的问题，包括权力的获取渠道和权力的获得方式；权力到哪里去的问题，包括权力的行使方式和权力的行使方向。构建公共权力运作的新秩序就有赖于这两个基本问题的解决。

第一，在权力获取渠道问题上，要实现通过执政能力、建设业绩与公民认同来获得权力。党和政府的执政能力和建设业绩是执政基础，中国共产党在社会主义革命和建设过程中，经过艰苦奋斗和不懈努力，取得了革命的胜利和改革开放的伟大成就，这些革命和建设业绩获得了人民的认同。中华人民共和国宪法规定，国家的一切权力属于人民，按照现代宪政原则的要求，就是国家的一切权力必须得到公民的认可，这是公共权力合法性的唯一来源。我国社会发展正处在全面建设社会主义现代化的关键阶段，这就要求我们在强调能力和业绩的同时，更加注重公民认同。因此，解决“权力获取渠道”问题，执政能力和建设业绩是基础和前提，公民认同是核心和保证。

第二，在权力的获得方式上，要坚持“公民授权”和“公正获权”两个基本原则。前面讲过，公民认同是公共权力合法性的唯一来源，那么，解决权力正当性问题，首要的就是要得到公民的认可，无法获得公民认可的权力也就是失去了合法性基础的权力。从而，在新型权力结构下，权力的获得方式就首先体现为“公民授权”，这是第一个原则；其次，在解决权力获取渠道问题上，执政能力和建设业绩是基础和前提，因而保障能力理念的公正原则就必不可少。公正原则分为两个方面：一是公平，主要表现在操作层面；二是正义，体现在价值层面。也就是在获取权力的过程中，要坚持平等竞争和公开选拔的原则，公正原则要保障凭能力获取权力，而不是凭特权取得权力，这是第二个原则。

第三，权力的行使方式，要体现公共理念。这主要是针对当前权力运行中某种程度上出现的权力腐败现象提出来的，这些现象包括公权力的异化、把公共利益变为私人利益以及因私人关系而破坏公共规则。因为政府“行使的权力属于公共权力，配置与动用的资源属于公共资源，权力意志属于公共意志，代表与维护的利益是广大人民群众的公共利益，其服务行为属于公共服务，其目的是通过整合与凝聚，并配置与运用好公共资源，实现各种合法利益集团的共生共进，最后建立起和谐的社会秩序。所以，公共性是政治活动与行为必须确立的一个基本理念。强调这一点尤为重要。因为从消极方面，公共性意味着否定特权，明确反对把公共权力异化为个人特权，从积极方面，公共性意味着应通过与民众协商、对话并为民众服务的方式行使权力”①。

第四，在权力的行使方向上，应坚持民本方向。公共权力来自公民个人权利的让渡，而公权力的目的也正是在于保障公民的权利，这是对现行政治生活中“官本位”思想的超越。“官本位”注重对人的控制，坚持民本方向，

① 韩庆祥：《社会层级结构理论——面向“中国问题”的政治哲学》，《中国社会科学》2009年第1期。

意味着要把人民的根本利益放在首位，体现人民当家做主的历史地位，实现我们党立党为公、执政为民的理念。就是要“以实现人的全面发展为目标，从人民群众的根本利益出发谋发展、促发展，不断地满足人民群众日益增长的物质文化需要，切实保障人民群众的经济、政治和文化权益，让发展的成果惠及全体人民”[①]。基本目标是实现下述转向，即由官本型政府走向民本型政府，由以权谋私走向执政为民，由对人的消极控制走向对人的积极管理与解放的统一。

建构公共权力运作的新秩序，根本目的就在于创造公共价值，提高中国共产党的执政能力，从而赢得广大人民群众的支持。要“把提高领导水平和执政能力作为各级领导班子建设的核心内容抓紧抓好。按照科学执政、民主执政、依法执政的要求，改进领导班子思想作风，提高领导干部执政本领，改善领导方式和执政方式，健全领导体制，把各级领导班子建设成为坚定贯彻党的理论和路线方针政策、善于领导科学发展的坚强领导集体。以加强领导班子执政能力建设，影响和带动全党，使党的全部工作始终符合时代要求和人民期待”[②]。

4. 治理理念——逐步推进政府治理的法治化

党的十八届三中全会指出：“全面深化改革的总目标是完善和发展中国特色社会主义制度，推进国家治理体系和治理能力现代化。”[③] 党的十八届四中全会进一步重点研

① 《中国共产党第十七次全国代表大会文件汇编》，人民出版社 2007 年版，第 51 页。

② 《中国共产党第十七次全国代表大会报告》，人民出版社 2007 年版，第51 页。

③ 《中国共产党第十八届中央委员会第三次全体会议公报》，人民出版社 2013 年版，第 4 页。

究了全面推进依法治国问题，并做出加强社会主义法治建设的决定。至此，依法治国已被确定为党领导人民建立法治国家的基本方略，依法执政成为党治国理政的基本方式，依法行政成为党和政府建立法治社会的基本理念。推进国家治理现代化，要求同步推进政府治理现代化，而推进政府治理现代化，首先要推进政府治理法治化，这是政府治理现代化的必要前提。改革开放以来，经过党和政府以及全体人民的不断努力，我国的法治化建设取得了很大进步，但不尽如人意的地方仍然存在。当前，推进政府治理法治化亟须解决如下问题。

第一，健全法律体系，解决政策替代法律现象。

有法可依，是推进政府治理法治化，进而推进政府治理现代化的基础。近年来，我国行政立法取得了很大进展，但仍不够完善。主要问题有，法律法规还不够健全，如机构编制法、社会组织法仍未出台；有些法律法规已经过时，但并没有废止，明显不适应形势发展；还有一些法律法规条款模糊，可操作性不强等。也正因如此，我国长期存在的以政策替代法律的现象始终没有得到根本改变。在我国法治化进程中，对于政策与法律之间的关系，在很长一段时期内并没有清楚的认识。

新中国成立初期，对于政策与法律之间的关系，中国共产党进行了一定的探索，也取得了一些有价值的认识。1954 年在我国第一部宪法颁布以后，彭真提出：“我们过去办事依照方针、纲领，是完全对的，是符合实际情况的。……目前我们已经颁布了宪法，如再按过去那样办事就不够了。"[1] 毛泽东也指出："全国人民每一个人都要实行，特别是国家机关工作人员要带头实行……不实行就是违反宪法。"[2] 刘少奇进一步强调："中国共产党是我们国家的领导核心。党的这种地位，决不应当使党员在国家生活中享有任何特殊的权利，只是使他们必须担负更大的责任。中国共产党的党员必须在遵守宪法和一切其他法律中起模范作用。"[3] 应该说，这些认识都是非常正确的，可惜的是没有贯彻下去，随着系列政治运动的进行，这一探索也戛然而止。

从法理角度来讲，政策和法律既相互联系又有明显区别。对于执政党来说，政策的贯彻执行要通过法律手段进行，而一项法律的出台也离不开政策的指导，从这一点来说，两者互为依托。但另一方面，政策与法律的区别也比较明显。在适用范围上，党的政策主要针对党的内部组织及其成员，而法律则对全体社会成员都具有约束力；在基本特性上，政策强调的是导向性，而法律更多地表现出强制性；从时效性来看，政策表现为时代性和短期性，而法律则具有持久性和稳定性。鉴于政策和法律的显著区别，在多数情况下，以政策代替法律的做法是不合适的。从新中国成立以来的历史来看，我们党比较重视政策的作用，在特殊时期这种做法成效比较明显，却对后来的司法实践产生了不利影响，给我国的法治化进程造成了极大的阻碍。

概而言之，政策和法律有各自的特点和适用范围，按

① 《彭真文选》，人民出版社 1991 年版，第 267 页。

② 《毛泽东选集》第 5 卷，人民出版社 1977 年版，第 129 页。

③ 《刘少奇选集》下卷，人民出版社 1985 年版，第 168 页。

照现代国家的基本要求，对于任何一个执政党来说，必须要厘清政策和法律的地位和作用，通过规范的政治流程，把政策上升到法律层面，实现政策的法律化，使政治意志得以顺利贯彻。如果混淆政策和法律的界限，甚至把政策凌驾于法律之上，侵占法律的适用范围，就容易产生一定的危害，具体表现为：由于政策具有很强的时效性，在不同的时期侧重点也会发生变化，而法律所具有的稳定性和长期性是政策所无法替代的。社会主义建设初期，由于建设经验不足，党的政策变化也比较快，甚至朝令夕改的情况也不少见，造成了政治生活的极端不稳定。从强制性来说，法律的实施是靠国家机器的力量来保障的，而政策则不具备这种特点，其贯彻实施的效果有时很难得到保证，容易出现所谓的“上有政策、下有对策”现象。政策偏重宏观性和指导性，法律则更具逻辑性和统一性。因此，如果政策凌驾于法律之上，判断标准就会出现问题，“以言代法、以权压法”现象就很容易产生，人治替代法治也就成为必然，历史已经清楚地证明了这一点。

总之，作为执政党，在履行基本的社会管理职能时，必须依照宪法和法律进行，这是社会对执政党领导方式的基本要求。我们要建设社会主义法治国家，实行依法治国，应逐步把政策的实施纳入宪法法律的规范内进行。2014 年 2 月，习近平在中央全面深化改革领导小组第二次会议上指出“凡属重大改革都要于法有据”，要求把法治理念和法治方式贯穿全面深化改革的过程中。因此，我们要加快立、改、废步伐，尽快填补法律空白点，完善行政法律体系。要组织人大及相关部门力量，对现行的法律法规进行全面审核，对不适合社会发展需要的及时进行修改或废止。

第二，深化行政执法体制改革，提高依法行政能力。

依法行政能力，简而言之，就是运用宪法与法律治理社会事务的能力。过去几年我国的反腐运动中暴露出的一个显著问题就是，部分领导干部依法行政意识淡薄，有法不依、执法不严乃至徇私枉法现象屡屡出现，严重危害了党和国家的形象。针对这一问题，必须进一步深化行政执法体制改革，而深化行政执法体制改革的目的就在于提高领导干部依法行政能力。在 2015 年 2 月 2 日召开的省部级主要领导干部学习贯彻十八届四中全会精神全面推进依法治国专题研讨班开班式上，习近平强调，领导干部要带头遵守法律、执行法律；谋划工作要运用法治思维，处理问题要运用法治方式；要把对法治的尊崇、对法律的敬畏转化成思维方式和行为方式，做到在法治之下、而不是法治之外、更不是法治之上想问题、做决策、办事情。

提高依法行政能力，首先要培养领导干部的法治意识。从历史来看，中国一直是以人治为主的社会，严重缺乏法治传统，也从来没建立过实际意义上的法治国家。受传统的影响，广大领导干部的法治意识较为淡薄，权力大于权利、人治大于法治的意识根深蒂固。宪法和法律体现了党和人民的意志，包括党员在内，任何组织和个人都应当遵守宪法和法律。培养领导干部的法治意识，关键在于打破权力迷信，增强对宪法法律的敬畏之心。对于广大人民群众而言，党员干部知法守法的表率作用是显而易见的，反之，其知法犯法的危害作用也更为巨大。其次要不断提高领导干部的法治素养，推进法治人才正规化、专业化、职业化，建设高素质的法治队伍。通过改进法治人才培养机制和司法人才遴选机制，加强立法队伍、行政执法队伍、司法队伍建设。还要加强对各级领导干部的学习教育，通过学习教育，使各级领导干部明白什么事可以干，什么事不可以干，从而自觉按照法律规定正确行使权力，严格遵守权由法定、权依法使，杜绝以言代法、以权压法。为明确上述要求，习近平提出，法治素养是干部德才的重要内容，要把能不能遵守法律、依法办事作为考察干部的重要内容。最后要对已发生的各类严重违法行政和非法行为，进行纠错和追责。近年来，各地一些冤假错案的相继暴露，使司法乱象成为社会关注的焦点。而错案追究程序的不断启动，也让大家明白，党纪国法不是“橡皮泥”，也不是“稻草人”，违纪违法最终还要受到追究。

第三，推动多元主体共同治理，营造良好法治环境。

运用法治方式、实行多元主体共同治理，从而营造良好的法治环境，是我国近年来探索政府治理现代化的经验总结和实践创新。《中共中央关于全面深化改革若干重大问题的决定》明确提出：“正确处理政府和社会关系，加快实施政社分开，推进社会组织明确权责、依法自治、发挥作用。适合由社会组织提供的公共服务和解决的事项，交由社会组织承担。”① 十二届全国人民代表大会第二次会议上李克强总理再次强调：“注重运用法治方式，实行多元主体共同治理。……更好发挥社会组织在公共服务和社会治理中的作用。”② 从政治实践来看，无论是西方的分权论还是中国的实际情况，所依赖的制衡力量主要来自政治权力自身。但是，由于权力本身所具有的扩张本性，仅靠

① 新华网（http：//news. xinhuanet. com/politics/2013-11/15/c_ 118164294. htm）。

② 新华网（http：//news. xinhuanet. com/politics/2014-03/13/c_ 119756908. htm）。

权力内部的分权制衡是远远不够的，有效的权力制衡必须依靠外部的力量。随着我国市场经济体制的日益完善与社会力量的迅速增长，传统的一元治理模式已无法满足社会发展的要求，由政府、市场和社会三方参与的多元共治模式是必然趋势。

推动多元主体共同治理，要逐步解决三个层面的问题。一要明晰边界，厘清政府、市场和社会三大领域的权力界限，做到不越位。从 1992 年社会主义市场经济体制初步确立开始，在市场的作用下，社会组织的力量逐步增长，市场经济、社会组织对中国发展产生的影响越来越大，促进了经济、社会与政治领域的分离。这种分离过程直接导致社会结构的重大变化，即由传统的政治权力至上走向经济力量、政治力量和社会力量共同推动社会发展。传统模式下政府的作用是全方位的，不仅履行其基本职责，还把本该由市场、社会负责的事情置于控制之下，管了许多不该管的事情，结果就造成许多事情管不了，也不可能管好。由此不难看出，厘清三大领域权力边界，做到不越位是实现多元治理的基础。二要各尽其责，做到不缺位。多元共治不是政府退出，而是切实干好分内的事，减少越位，增补缺位，避免错位，从而有效降低行政成本，提高执政能力。政府要依法履行职责，各级行政机关要勇于负责、敢于担当，坚决克服不作为、乱作为现象。一切工作都要依据法律法规进行，不得法外设定权力，不得损害公民、法人和其他组织的合法权益。而市场主体只有与政府和社会相互结合、相互弥补、相互纠错，才能克服各自缺陷，保障经济正常运行；社会组织作为一种民主权力，其功能首先体现为对政府权力的制衡作用，其次还体现为对政治活动的积极参与。要尽快完善人民陪审员制度，在司法调解、司法听证、涉诉信访等司法活动中扩大人民群众的参与范围。三要良性互动，形成合力，实现力量的最大化。只有社会治理各主体之间权限划界清晰、职能分工明确，才能更好地形成合力，实现治理效果的最大化。这样一个相互配合、相互制约、协调统一的关系才是理想的状态。现代社会治理体系的突出特点是政府不再大包大揽，而是成为与市场等多方主体地位平等的一方，并与各方以互动合作、协同治理的方式维持社会秩序、协调利益关系、化解社会矛盾、解决社会纠纷。这种以多元化治理体系应对多样化社会现实的治理体系，通过功能融合、优势互补的主体间积极合作、良性互动，从而大大提升治理效率，降低治理成本。

第四，完善违宪违法监督审查机制，维护社会公平正义。

宪法和法律代表的是全体人民的意愿，法治的本质在于规范公权力的运行，维护社会公平正义，切实保障人民的权利不受侵犯。对于整个社会来说，司法公正是社会公平正义得以维护的最后一道防线，习近平总书记反复强调："我们要依法公正对待人民群众的诉求，努力让人民群众在每一个司法案件中都能感受到公平正义，绝不能让不公正的审判伤害人民群众感情、损害人民群众权益。"近年来，我国的司法公正遭受了极大的挑战，特别是呼格吉勒图案、佘祥林案等冤假错案被披露出来后，造成了极大的社会负面影响。因此，全面依法治国，推进政府治理法治化，必须紧紧围绕保障和促进社会公平正义来进行，要按照宪法和法律面前人人平等的原则，尽快完善违宪违法监督审查机制，对于任何违反宪法法律的行为，要依据宪法和法律进行追究。完善违宪违法监督审查机制，要从以下几个方面入手。

首先要加强社会普法教育，增强全民法治观念，树立尊崇法治、敬畏法律、法律至上的基本原则，自觉维护法律的公平和公正。《中共中央关于全面深化改革若干重大问题的决定》中提出："要进一步健全宪法实施监督机制和程序，把全面贯彻实施宪法提高到一个新水平。建立健全全社会忠于、遵守、维护、运用宪法法律的制度。"其次要解决宪法与法律、法律与党政党纪、法律与法规、法律与法律、法律与规范性文件等之间的矛盾，保证自身的统一性，尤其是对于地方性法规和规范性文件，一定要加强审查。宪法、法律、法规等之间的冲突和矛盾是导致社会不稳定的重要因素，为体现法治在解决各种纠纷和矛盾中的基础作用，必须以宪法为权威，保证宪法、法律、党政党纪、法规等之间的协调和统一。再次，要从制度上保证司法独立。由于传统习惯和现实因素的影响，司法独立一直是我国法治建设中的核心问题，在司法实践中，我国一直在尝试通过加强制度建设，摆脱传统习惯和地方保护等因素对司法独立的干扰。党的十八届四中全会提出"建立领导干部干预司法活动、插手具体案件处理的记录、通报和责任追究制度"后，各界对这项制度的实施保持了高度关注。2015 年 3 月 30 日，中办、国办公布《领导干部干预司法活动、插手具体案件处理的记录、通报和责任追究规定》，强调了干扰司法活动造成后果的将要被追究刑事责任。《规定》的出台，标志着我国在司法独立方面又前进了一大步，但这一制度的实施效果还有待观察。最后，对于违反宪法法律的行为，尤其是对于各级行政部门的违宪违法事件及公职人员的徇私枉法现象，一定要予以严惩。就如习近平所指出的那样："要加强对执法活动的监督，坚决排除对执法活动的非法干预，坚决防止和克服地方保护主义和部门保护主义，坚决惩治腐败现象，做到有权必有责、用权受监督、违法必追究。"政府治理法治化的最终目的是保障社会的公平正义，公平正义是社会主义的生命线，这一切要靠完善的法治体系和公正的司法体系来实现。

三　新型权力结构的理论和现实意义

关于新型权力结构有"什么用"的问题，在这里来给予回答。新型权力结构的设计与构建，对于当代中国社会，具有两方面的作用：第一，表现在理论层面上，具体来说就是丰富了中国政治哲学的研究内容，对完善中国政治哲学的研究体系做出了一点贡献；第二，表现在实践层面上，新型权力结构的设计和构建，重塑了中国社会发展的动力机制，对于推进当前正在进行的政治体制改革具有重要的现实意义。

（一）理论意义

关于中国政治哲学的研究内容和建构原则，国内学术界虽然还存在一定的分歧，但在大的方向上已经开始逐渐趋向一致。这种一致体现在国内学者们的学术观点中。2006

年召开的第六届马克思哲学论坛，汇集了国内哲学界诸多专家学者，这一届论坛的主题比较明确，就是马克思主义政治哲学：阐释与创新，与会者提交的论文也主要集中在政治哲学领域。从这些学者们的文章中可以看出，大部分学者都认为应该依托当代中国社会，从社会面临的重大现实问题入手，进行当代中国政治哲学的研究和体系建构。韩庆祥在大会提交的论文《政治哲学视野的"中国问题"及其解决路径——公正为基的能力主义》开篇就鲜明地表达了自己的学术观点，他认为政治哲学应针对当代中国政治活动中存在的根本问题进行理论分析。他提出原则不是研究的出发点，只能是最终结果。纯粹的理论探讨是必要的，不切合当代中国政治问题的文本解读和政治哲学建构也有其作用。但更应该注重问题意识，这种问题意识实际上是一种研究方法，它是对时刻缠绕国人、必须经常面对、常常令国人疑惑且影响中国发展的根本问题及其深层原因的思考、追问和求解。[1] 王南湜教授在其论文《从"理想国"到"法治国"——现实性的马克思主义政治哲学何以可能》中提出要建立两个维度的马克思主义政治哲学，一是既有的理想性维度的政治哲学，另一个则是现实性维度的政治哲学。这两个方面构成了马克思政治哲学的两种不同的进路，两种进路之间既存在着某种张力，也构成一种互补关系。对于马克思主义政治哲学的现代形态来说，一是构建一种系统的现实性马克思主义政治哲学，二是立足社会现实，对理想性马克思主义政治哲学进行一种

---

① 参见韩庆祥《政治哲学视野的"中国问题"及其解决路径——公正为基的能力主义》，载赵剑英、陈晏清主编《马克思主义政治哲学：阐释与创新》，社会科学文献出版社 2007 年版。

新的阐释。[①] 另外，从其他学者的文章中也可以看到类似的观点，如李德顺指出："中国的社会主义现代化发端于经济体制改革，目前正在向政治和文化领域积极推进。在这个背景下，关于中国社会主义国家政治体制改革和建设的问题，必然成为重大的现实问题和理论前沿问题。在哲学上提出和回答这些问题，显然首先属于作为部门哲学的政治哲学研究的任务。"[②] 孙正聿也提出："建构一种哲学理论，最为重要的是两项工作：一是时代精神的主题化，即把时代性的最重大的理论问题和现实问题升华为某种基本的哲学理念；二是基本理念概念化，即以逻辑化的概念体系表述相应的理论内容。"[③] 以上专家学者的学术观点和看法，已经基本奠定了当代中国政治哲学的研究基础，指出了中国政治哲学的研究内容、方法和建构原则。基于此，本书所做的努力和贡献体现在以下三个方面。

第一，明确了当代中国政治哲学的主题。当代中国政治哲学研究虽然已经风风火火，但问题也有不少，主要有：一是缺乏对中国传统政治哲学的内容进行全面深入的清理总结；二是充满西方政治哲学话语，没有认识到当代中国政治哲学与西方政治哲学所要分析和解决的问题有很大不同；三是偏重体系而对中国政治现实问题关注不够；

① 参见王南湜《从"理想国"到"法治国"——现实性的马克思主义政治哲学何以可能》，载赵剑英、陈晏清主编《马克思主义政治哲学：阐释与创新》，社会科学文献出版社 2007 年版。

② 李德顺：《理解马克思主义政治哲学的理论基础和现实依据》，《河北学刊》2006 年第 5 期。

③ 孙正聿：《建构马克思主义政治哲学的前提性思考和理论资源分析》，《中国社会科学》2006 年第 6 期。

四是对现实问题缺乏应有的科学批判精神。[①] 如前所述，政治哲学应该首先关注和研究现实问题，中国政治哲学的主题就蕴含在社会现实问题之中。但是，学者们很难确定哪些现实问题才是根本性的问题，从而也就无法找出研究的主题，所能做的常常是人云亦云，没有明确的目标。可以说，主题不明是中国政治哲学研究中存在的最大问题。中国深受传统文化的影响，要准确捕捉中国社会的带有根本性的现实问题，就必须既立足现代，又追溯传统。本书正是遵循这一原则，追根溯源，把“中国问题”作为当代中国政治哲学的研究内容，并探究出传统的权力结构是形成这些问题的根源，从而明确了当代中国政治哲学研究的主题，那就是权力和权力结构的问题。

第二，找到了当代中国政治哲学研究的基本方法。进行中国政治哲学研究，必须坚持批判与反思的方法，这正是哲学本真精神的体现。“政治哲学可以一般地理解为对于政治生活的哲学反思。这种反思可以是指向一种理想的社会生活状态的，也可以是指向一种对于现实政治生活的理解的。”[②] 当代中国政治哲学研究应立足于“中国问题”之上，也就是说中国的社会现实是政治哲学产生和发展的基础。基于此，我们可以勾画出中国政治哲学的研究思路，那就是：（反思）“中国问题”—（批判）“传统权力结构”—（设计）“新型权力结构”—（构建）政治哲学研究体系。具体来说，通过对“中国问题”的反思，找到

① 参见韩庆祥《走向面对“中国问题”的马克思主义哲学》，《学术研究》2007年第8期。

② 王南湜：《从“理想国”到“法治国”——现实性的马克思主义政治哲学何以可能》，载赵剑英、陈晏清主编《马克思主义政治哲学：阐释与创新》，社会科学文献出版社2007年版。

了问题的产生根源在于传统的权力结构及权力运作方式，再通过对传统权力结构的批判，设计出适应中国发展的新型权力结构，从而为构建中国政治哲学的研究体系奠定基础。

第三，提出了新型权力结构的理论模式，丰富了当代中国政治哲学的研究体系。建构政治哲学的研究体系，必须首先按照政治哲学的学科特点和时代使命，设计并培育所需要的核心理念。韩庆祥教授认为当代中国政治哲学的建构在应然层面上应体现“公正为基的能力主义”，要围绕“权力获得的方式、权力获得的根据、权力行使的方式和权力行使的方向”四个根本问题，确立四种具有内在逻辑联系的核心理念：公正、能力、公共、民本。[①] 本书正是依照这几个基本理念，对新型权力结构进行了理性设计，对完善当代中国政治哲学的研究体系做了一点微薄的贡献。

（二）现实意义

领域间权力格局的改变，使原有的社会动力机制得到重塑，新型权力结构成为推动社会发展的新的动力来源，这是新型权力结构作用在实践层面上的第一个体现。

改革开放初期，社会发展的动力机制还是由传统的权力结构决定的，改革的发展靠的是政府力量的推动，在政治权力的作用下，经济领域率先开始市场化改革，并依次波及社会领域和政治领域。经过几十年的改革，我国社会

① 参见韩庆祥《政治哲学视野的“中国问题”及其解决路径——公正为基的能力主义》，载赵剑英、陈晏清主编《马克思主义政治哲学：阐释与创新》，社会科学文献出版社 2007 年版。

的各个领域都有了很大的变化，领域分离已很明显，可以说，在这一过程中，政府力量的推动起到了最主要的作用。但是，当改革继续向纵深发展时，我们就会发现，单靠政府力量的推动已经难以胜任。其突出表现就是，从改革开放开始起，中国的改革始终以经济领域的改革为主，虽然社会其他领域的改革也在同步进行，但总体上主要是被动适应经济领域的改革。这样，在经历了长时间的经济快速发展之后，我国政治体制发展的滞后也就成为社会发展中的一个突出问题。这一问题的主要原因在于政府主导型的改革，这一改革在强调经济发展重要性的同时，忽视了社会其他领域的发展，从而产生了严重的社会后果。具体表现为：一是过分注重经济增长，在经济发展过程中出现了一些急功近利的短期行为，带来了一系列严重的社会后果，如不注意环境保护和节约资源，造成环境污染和资源浪费等不良现象；二是只注重经济领域的发展而忽视领域间力量的互动，导致社会其他领域的发展严重滞后，这些因素反过来阻碍了经济的进一步发展，并最终影响整个社会的发展。

改革的进一步发展，需要新的动力，除了在政治领域寻找动力来源外，更重要的是在非政治领域的经济和社会领域寻找新的动力资源。传统权力结构造就的动力机制的作用越来越弱，已经无法为社会发展提供足够的动力，而新型权力结构已经开始显露自己的作用，新的动力正是来自新型的权力结构。传统权力结构下的动力机制，是以政治领域的力量为主，经济领域和社会领域的力量仅仅起被动的辅助作用。在新型权力结构下，市场经济和公民社会作为极其重要的两个部分，对推动改革的进一步发展将起到重要的作用，将成为中国社会发展的新动力。一方面，市场主体由被动控制转变成自在自为，这样市场配置资源的能力会得到最大的发挥；另一方面，政府也会充分履行其公共服务的职能，积极做好宏观调控工作，将市场本身的风险和缺陷降到最小。另外，公民社会的民主权力也得以充分体现，通过密切关注和监督政府的行为，使之更加负责任地为民服务，对公民的需求更快地做出回应。同时，公民社会也是市场经济良性发展的重要保障，因为“持续的经济增长离不开民主政治的支持，没有以民主政治为基础的经济增长是不可持续的经济增长，经济增长要求民主政治的出现”①。

在新的动力机制作用下，社会的发展方式会发生根本转变，即由原来单一领域的发展变为各领域共同发展，由片面的发展转变为全面、协调、可持续的发展，从而促进社会和谐，这就是党和政府所倡导的科学发展观的基本内涵。

新型权力结构的作用在实践层面上的第二个体现是，新型权力结构的设计与建构将会对中国的政治体制改革产生直接影响，它不仅揭示了当代中国政治体制改革的关键所在，还指出了政治体制改革的突破口。首先，透过传统权力结构的影响我们可以看出，当代中国政治体制改革的核心就是解决好权力的配置问题。就中国目前改革的推进情况来看，政治体制改革整体滞后于经济体制改革，在当代中国，经济领域、社会领域的问题归根结底都和政治领域存在的问题相关，因此，继续深化政治体制改革非常紧

---

① 康晓光：《经济增长、社会公正、民主法治与合法性基础》，《战略与管理》1999 年第 4 期。

迫。对此问题，邓小平早就明确指出："不改革政治体制，就不能保障经济体制改革的成果，不能使经济体制改革继续前进。"① "我们所有的改革最终能不能成功，还是决定于政治体制的改革。"② 而政治体制改革的关键，就在于如何合理配置权力，这一合理配置，不仅指政治权力内部的合理分配，更重要的是指领域间的分权制衡，要达到这一目的必须依赖新型权力结构的建立。其次，透过新型权力结构的设计与构建过程可以看出，权力结构的转型必然成为目前中国政治体制改革的突破口。从改革的历史实践来看，中国的经济体制改革进行得比较顺利，成绩也很显著，政治体制改革虽取得了一定成效，但时至今日仍不能说取得了根本突破。政治体制改革为何举步维艰，原因非常清楚，就是因为与经济体制改革不同，中国的政治体制改革属于"内部革命"，改革的主体和动力都来自内部，深化政治体制改革的难度要远大于经济领域的改革。因此，单纯从政治领域内部显然无法使改革取得根本性的突破，继续深化改革必须寻求外部力量的介入，而这一力量主要来自经济领域和社会领域。总结中国改革的经验和思路，孤军深入地深化一个领域的改革显然无法持久，必须依照"经济、政治、社会"三位一体的整体改革思路，系统推进改革，才有可能取得改革的全面成功。

---

① 《邓小平文选》第3卷，人民出版社1993年版，第176页。

② 同上书，第164页。

结　语

本书采取分析问题—总结原因—可行性分析—结构设计的研究思路。首先，对中国传统权力结构形成的历史基础，包括传统社会的经济、政治和文化特点进行考察，进而分析传统权力结构的演变过程、基本特征和历史作用，从而揭示传统权力结构影响下的权力运作方式存在的问题；其次，通过对传统权力结构缺陷和不足的分析发现，现阶段我国社会领域存在的突出问题都直接或间接地与传统权力结构的影响有关，进而探讨重构权力结构的必要性和可行性；最后，在现实层面，尝试构建适应当前社会发展的新型权力结构。

当前，在经济领域中，权力市场化现象和粗放的经济增长方式依然存在；政治领域中，权利服从权力、权力挤压能力以及权力的越位和缺位现象仍未消失；文化领域中，权力对人的过度管制现象很难解决；社会领域中，社会组织还不够成熟，社会不公平程度在不断增加。这些问题的产生，归根结底都与传统权力结构的影响有关。因此，本书以传统权力结构为主要研究对象，通过对传统权力结构的分析，厘清了其消解的原因，并进一步设计出新型权力结构的应然形态。

本书的框架设计立足三个问题：第一是“为什么”的问题，即为什么传统的权力结构无法适应当前社会发展需要；第二是“是什么”的问题，就是社会需要的合理的权力结构的具体形态是什么；第三要追问有“什么用”，设计这样的新型权力结构有何意义。基于这三大问题，在厘清基本概念的基础上，本书从以下几个方面展开研究：第一，对中国传统的权力结构与权力运作方式的考察。主要包括传统权力结构形成的历史基础，涉及经济、政治及文化因素；传统权力结构演变的特点和历程；传统权力结构的基本特征，如政治权力至上、等级分明、纵向分布等；传统权力结构的历史作用，包括积极作用和消极作用两个方面；由权力结构所决定的权力运作方式，在运作手段上重人治而轻法治，运作路径为自上而下和逐级管制，结果导致结构失衡和缺乏制约等。第二，受传统权力结构与权力运作方式的影响，当前中国社会存在的主要问题。在经济领域，主要存在权力干预现象，如权力参与分配导致权力的市场化、权力配置资源形成粗放的经济增长方式等；在政治领域，主要存在权力膨胀现象，如权利对权力的服从、权力对能力的挤压以及政府权力的缺位与越位；在文化领域，则主要存在权力管制，如注重“控制人”而不够注重“解放人”和依附性人格有余而创造性人格不足等；在社会领域，还存在权力僭越现象，如政府权力过大而社会组织不成熟以及存在一定程度的不公平及不和谐现象等。第三，传统权力结构消解的原因。一是社会发展的必然要求，具体来说就是“领域分离”引发社会结构转型，社会结构转型必然要求传统的权力结构随之转型；二是解决“中国问题”的现实需要，传统权力结构是产生“中国问题”的深层原因，因此要解决“中国问题”就有赖于传统权力结构的消解和新型权力结构的产生。第四，新型权力结构的应然形态。就中国的现状来看，建立经济力量、政治力量、社会力量和文化软实力互动的新型权力结构是最佳选择。该结构对破解当代“中国问题”，产生中国发展的动力具有直接的现实意义。这一新型结构的基本含义是：市场力量和社会力量的存在，内在要求政府干好自己分内的事，减少越位，增补缺位，避免错位，从而有效降低行政成本，提高执政能力；公共服务型政府既注重与公众平等对话，又注重为社会与公众创造公共价值，提供公共服务，这有利于减少矛盾，增强信任；社会组织的逐步壮大意味着公民对政党的监督力量及参与意识的增强，有利于减少党员干部的腐败，增强廉政。此外，以经济水平、资源储备等为代表的硬实力态势短期内已很难改变，因此，软实力的作用更为重要，能否强化软实力和解决软实力问题，关系到中华民族的复兴和中国特色社会主义的前途。

综上，权力本身是一个非常复杂的概念，表征权力组织形式的权力结构概念更是如此，因此，完整阐释这一概念难度较大。权力结构问题涉及哲学、政治学、法学、社会学等多个学科，对于这样一个跨学科的问题，从哲学的角度进行全面把握就需要掌握大量的资料，这是另一个难点。并且，权力结构问题不仅是一个理论层面的问题，更是一个实践层面的问题，解决这一问题要求研究者既要拥有相关理论知识，还要有较深的社会感悟，否则对这一问题的研究就很难深入。总之，习近平提出要协调推进全面建设小康社会、全面深化改革、全面依法治国、全面从严治党的施政方略。这一战略布局，是为了应对“改革越深入阻力越大”以及“发展起来之后的问题，不比不发展时少”的尴尬局面。在当前背景下，要突破这种局面，就要从改革的突破口、路径、重点、操作性、社会心理、社会共识等方面进行设计，这种设计的本质就是重构权力结构，这些方面解决得好，既会形成改革的动力，也会建构良好的改革秩序，还会获得好的改革效果。这不仅是时代发展的大趋势，同时也有利于经济发展和社会稳定。

参考文献

一　著作

[1]《马克思恩格斯全集》第 3 卷，人民出版社 1960 年版。

[2] 孙伯锬、张一兵：《走进马克思》，江苏人民出版社 2001 年版。

[3]《马克思恩格斯全集》第40卷，人民出版社 1982 年版。

[4] [德] 康德：《未来形而上学导论》，庞景仁译，商务印书馆 1978 年版。

[5] 孙正聿：《思想中的时代：当代哲学的理论自觉》，北京师范大学出版社 2004 年版。

[6] [德] 黑格尔：《小逻辑》，贺麟译，商务印书馆 1980 年版。

[7]《马克思恩格斯全集》第 1 卷，人民出版社 1956 年版。

[8] 王子今：《权力的黑光——中国封建政治迷信批判》，中共中央党校出版社 1994 年版。

[9]《邓小平文选》第 3 卷，人民出版社 1993 年版。

[10] 陈先达：《走向历史的深处》，上海人民出版社

1987年版。

［11］［古希腊］亚里士多德：《政治学》，吴寿彭译，商务印书馆1965年版。

［12］［英］洛克：《政府论》下篇，叶启芳等译，商务印书馆1964年版。

［13］［法］孟德斯鸠：《论法的精神》，张雁深译，商务印书馆1961年版。

［14］［德］黑格尔：《法哲学原理》，范扬、张企泰译，商务印书馆1982年版。

［15］李景鹏：《权力政治学》，黑龙江教育出版社1995年版。

［16］邓正来：《国家与社会：中国市民社会研究》，北京大学出版社2008年版。

［17］《马克思恩格斯全集》第19卷，人民出版社1963年版。

［18］［英］伯特兰·罗素：《权力论》，靳建国译，东方出版社1988年版。

［19］［英］罗德里克·马丁：《权力社会学》，丰子义、张宁译，生活·读书·新知三联书店1992年版。

［20］［美］帕森斯：《现代社会的结构与过程》，梁向阳译，光明日报出版社1988年版。

［21］万斌：《政治哲学》，浙江大学出版社1996年版。

［22］陈振明：《政治学》，中国社会科学出版社1999年版。

［23］《马克思恩格斯全集》第20卷，人民出版社1971年版。

［24］［英］约翰·密尔：《论自由》，许宝骙译，商

务印书馆 2006 年版。

[25]《马克思恩格斯全集》第 18 卷，人民出版社 1964 年版。

[26] 周永坤：《规范权力：权力的法理研究》，法律出版社 2006 年版。

[27] [意] 马基雅维利：《君主论》，潘汉典译，商务印书馆 1985 年版。

[28] 卢少华、徐万珉：《权力社会学》，黑龙江人民出版社 1989 年版。

[29] [美] 丹尼斯·朗：《权力论》，陆振伦、郑明哲译，中国社会科学出版社 2001 年版。

[30] 林喆：《权力腐败与权力制约》，法律出版社 1997 年版。

[31]《列宁全集》第 12 卷，人民出版社 1959 年版。

[32]《马克思恩格斯全集》第 23 卷，人民出版社 1972 年版。

[33]《马克思恩格斯全集》第 13 卷，人民出版社 1962 年版。

[34] [法] 克洛德·泰洛特：《父贵子荣：社会地位和家庭出身》，殷世材、孙兆通译，社会科学文献出版社 1992 年版。

[35]《马克思恩格斯全集》第 37 卷，人民出版社 1971 年版。

[36] 康晓光：《权力的转移——转型时期中国权力格局的变迁》，浙江人民出版社 1999 年版。

[37]《列宁全集》第 37 卷，人民出版社 1959 年版。

[38]《马克思恩格斯全集》第 21 卷，人民出版社 1965

年版。

［39］［英］戴维·米勒、韦农·波格丹诺：《布莱克维尔政治学百科全书》，邓正来译，中国政法大学出版社1992年版。

［40］［德］哈贝马斯：《公共领域的结构转型》，曹卫东译，学林出版社1999年版。

［41］《马克思恩格斯全集》第27卷，人民出版社1972年版。

［42］《马克思恩格斯全集》第46卷上，人民出版社1979年版。

［43］《恩格斯和马克思主义》编写组：《恩格斯和马克思主义》，中国人民大学出版社1985年版。

［44］《马克思恩格斯全集》第39卷，人民出版社1974年版。

［45］《马克思恩格斯全集》第8卷，人民出版社1961年版。

［46］金观涛、刘青峰：《兴盛与危机：论中国封建社会的超稳定结构》，湖南人民出版社1984年版。

［47］《孟子译注》，中华书局1981年版。

［48］刘俐娜：《顾颉刚学术思想评传》，北京图书馆出版社1999年版。

［49］鲁迅：《华盖集续编》，人民出版社1952年版。

［50］李大钊：《李大钊选集》，人民出版社1959年版。

［51］《春秋繁露》，中华书局1975年版。

［52］《汉书》，中华书局1962年版。

［53］《马克思恩格斯全集》第22卷，人民出版社1965年版。

[54]《朱子语类》，中华书局 1986 年版。

[55]［美］孙隆基：《中国文化的深层结构》，广西师范大学出版社 2004 年版。

[56]［英］欧克肖特：《政治中的理性主义》，张汝伦译，上海译文出版社 2003 年版。

[57]《诗经全译》，金启华译注，江苏古籍出版社 1984 年版。

[58]《鲁迅全集》第 7 卷，人民文学出版社 1981 年版。

[59] 刘泽华：《中国的王权主义》，上海人民出版社 2000 年版。

[60]［德］黑格尔：《历史哲学》，王造时译，商务印书馆 1963 年版。

[61] 侯外庐等：《中国思想通史》第 4 卷，人民出版社 1980 年版。

[62] 马其昶、马茂元：《韩昌黎文集校注》，上海古籍出版社 1986 年版。

[63]［英］赫·米尔斯：《世界史纲》，吴文藻等译，人民出版社 1982 年版。

[64]《史记》第 4 册，中华书局 1959 年版。

[65] 王亚南：《中国官僚政治研究》，中国社会科学出版社 1981 年版。

[66] 刘笃才：《极权与特权：中国封建官僚制度解读》，辽宁大学出版社 1994 年版。

[67] 梁治平：《法辨：中国法的过去、现在和未来》，贵州人民出版社 1992 年版。

[68]［美］博登海默：《法理学——法哲学及其方法》，邓正来、姬敬武译，华夏出版社 1987 年版。

[69] [德] 黑格尔:《哲学史讲演录》第1卷，贺麟、王太庆译，商务印书馆1959年版。

[70] 周伯棣:《中国财政史》，上海人民出版社1981年版。

[71] 刘泽华、汪茂:《专制权力与中国社会》，吉林文史出版社1988年版。

[72]《贞观政要》，上海古籍出版社1978年版。

[73] [英] 伯特兰·罗素:《中国问题》，秦悦译，学林出版社1996年版。

[74]《邓小平文选》第2卷，人民出版社1994年版。

[75]《毛泽东文集》第2卷，人民出版社1993年版。

[76]《鲁迅全集》第1卷，人民文学出版社1981年版。

[77]《毛泽东早期文稿》，湖南人民出版社1990年版。

[78]《鲁迅杂文全集》，河南人民出版社1994年版。

[79] 俞可平等:《中国公民社会的兴起与治理的变迁》，社会科学文献出版社2002年版。

[80] 韩庆祥、邹诗鹏:《人学：人的问题的当代阐释》，云南人民出版社2001年版。

[81]《中国统计年鉴（1993）》，中国统计出版社1993年版。

[82]《中国统计摘要（1998）》，中国统计出版社1998年版。

[83]《提高构建社会主义和谐社会能力（增补本）》，中共中央党校出版社2005年版。

[84] 民政部编:《中国民政工作年鉴（1999）》，中国社会出版社2000年版。

[85] [美] 希尔斯曼:《美国是如何治理的》，曹大鹏译，商务印书馆 1988 年版。

[86] [美] 米尔顿·弗里德曼:《资本主义与自由》，张瑞玉译，商务印书馆 1986 年版。

[87] [德] 卡西尔:《人论》，甘阳译，上海译文出版社 1985 年版。

[88] [美] 查特尔墨菲:《政治的回归》，王恒译，江苏人民出版社 2001 年版。

[89] 俞可平:《市场经济与公民社会》，中央编译出版社 2005 年版。

[90]《列宁选集》第 4 卷，人民出版社 1995 年版。

[91]《列宁全集》第 40 卷，人民出版社 1986 年版。

[92]《中国共产党第十七次全国代表大会文件汇编》，人民出版社 2007 年版。

[93]《中国共产党第十七次全国代表大会报告》，人民出版社 2007 年版。

[94] 赵剑英、陈晏清主编:《马克思主义政治哲学：阐释与创新》，社会科学文献出版社 2007 年版。

[95] [美] 珍妮特·V. 登哈特、罗伯特·B. 登哈特:《新公共服务——服务，而不是掌舵》，丁煌译，中国人民大学出版社 2004 年版。

[96]《中国共产党第十八届中央委员会第三次全体会议公报》，人民出版社 2013 年版。

二 期刊文章

[1] 韩庆祥:《时代变迁与哲学范式转换——从革命的哲学到建设的哲学》，《北方论丛》2007 年第 1 期。

[2] 韩庆祥:《现代性的建构与当代中国发展》,《理论参考》2007 年第 10 期。

[3] 韩庆祥:《走向面对“中国问题”的马克思主义哲学》,《学术研究》2007 年第 8 期。

[4] 刘德龙、高伟:《试论我国渐进式改革的优势、缺陷及改进对策》,《山东社会科学》2000 年第 5 期。

[5] 徐宏源:《中国渐进式改革经济隐患凸显》,《新华文摘》2004 年第 15 期。

[6] 李鹏:《渐进式改革的制度性缺陷与收入差距的扩大》,《经济探讨》2008 年第 5 期。

[7] 唐杰、蔡增正:《渐进式改革的博弈分析——兼论从经济体制改革到渐进式政治体制改革》,《南开经济研究》2003 年第 4 期。

[8] 韩庆祥:《体制问题的背后是社会层级结构》,《人民论坛》2007 年第 4 期。

[9] 董云虎:《论权力概念》,《人权》2006 年第 2 期。

[10] 郭道晖:《权利与权力的对立统一》,《法学研究》1990 年第 4 期。

[11] 光尚然:《评〈法的时代精神〉(五)》,《当代法学》1999 年第 1 期。

[12] 吴木銮:《需对权力资本化保持警惕》,《人民论坛》2008 年第 2 期。

[13] 马郑刚:《严防权力资本化》,《中国监察》2005 年第 11 期。

[14] 卫功琦:《权力资本化的诱因与对策》,《河北经贸大学学报》1996 年第 1 期。

[15] 刘亢、田刚、黄豁:《“权力资本化”的畸变轨

迹》,《瞭望》2005 年第 22 期。

[16] 韩庆祥:《能力建设与当代中国发展》,《中国社会科学》2005 年第 1 期。

[17] 韩庆祥:《政治哲学视野的“中国问题”及其解决路径——公正为基的能力主义》,《中国社会科学内刊》2008 年第 1 期。

[18] 韩庆祥:《社会层级结构与以人为本:一种政治哲学的分析》,《中共中央党校学报》2007 年第 1 期。

[19] 韩庆祥:《社会层级结构理论:面向“中国问题”的政治哲学》,《中国社会科学》2009 年第 1 期。

[20] 萧鸿江:《再谈腐败的社会文化根源》,《大连大学学报》2004 年第 1 期。

[21] 张邦炜:《北宋租佃关系的发展及其影响》,《甘肃大学学报》1980 年第 3 期。

[22] 李锡海:《权力文化与腐败犯罪》,《山东社会科学》2007 年第 1 期。

[23] 党小卉:《权力市场化——中国改革的陷阱——访著名经济学者何清涟》,《经济与信息》1998 年第 5 期。

[24] 汪永成:《论新世纪中国政府能力建设的战略方向》,《马克思主义与现实》2005 年第 6 期。

[25] 韩庆祥:《中国现代化建设需要加强人学研究》,《河南师范大学学报(哲学社会科学版)》2003 年第2 期。

[26] 韩庆祥:《开辟当代中国人学研究的新道路》,《社会科学战线》2006 年第 2 期。

[27] 张琳:《公民社会发展与民主政治建设——访中央编译局副局长俞可平》,《理论视野》2008 年第 6 期。

[28] 张勤:《论中国公民社会的发展与社会政治稳

定》,《新视野》2007 年第 5 期。

[29] [美] 罗伯特 · B. 丹哈特、珍妮特 · V. 丹哈特:《新公共服务: 服务而非掌舵》, 刘俊生译,《中国行政管理》2002 年第 10 期。

[30] 赵佳琛:《关于小政府模式的几个问题》,《天津社会科学》2000 年第 3 期。

[31] 解亚红:《新公共管理改革的新阶段》,《中国行政管理》2004 年第 5 期。

[32] 文贯中:《市场机制、政府定位和法治——对市场失灵和政府失灵的匡正之法的回顾与展望》,《经济社会体制比较》2002 年第 1 期。

[33] 刘熙瑞:《服务型政府: 经济全球化背景下中国政府改革的目标选择》,《中国行政管理》2002 年第 7 期。

[34] 李德顺:《理解马克思主义政治哲学的理论基础和现实依据》,《河北学刊》2006 年第 5 期。

[35] 孙正聿:《建构马克思主义政治哲学的前提性思考和理论资源分析》,《中国社会科学》2006 年第 6 期。

三 外文文献

[1] Edward Shils, *The Constitution of Society*, the University of Chicago Press, 1982.

[2] Andrew Heywood, *Political Theory*: *An Introduction*, London, Macmillan, 1999.

[3] M. Riedel. "The Concept of 'Civil Society' and the Problem of Its Historical Origin", in Z. A. Pelczynski, ed., *The State and Civil Society*.

[4] B. Crick , *In Defense of Politics*, 1964.

[5] See Philip C. C. Huang, "'Public Sphere'/'Civil Society' in China; The Third Realm Between State and Society", *Modern China*, Vol. 19, No. 2, 1993.

后 记

2009年7月，我从中央党校研究生院毕业，获哲学博士学位。毕业后，有幸继续从事哲学的教学和研究工作。2013年9月，我获批主持教育部人文社会科学研究项目“转型期中国社会发展动力机制研究”，本项目是在我的博士论文基础上所做的后续研究。目前，这个项目即将完成，呈献给读者的这部著作就是项目的成果之一。

本项目的申请和本书的出版，得到了我的博士研究生导师、中央党校副教育长韩庆祥教授与我的硕士研究生导师、郑州大学马克思主义哲学研究中心主任郑永扣教授的关心和帮助，在此向两位老师表达衷心的感谢。

本书的出版还获得河南省哲学社会科学规划项目“我国全面深化改革的动力研究”（2014CKS004）、河南省高等学校科技创新人才（人文社科类）支持计划项目（2016-cx-014）、河南省高等学校青年骨干教师资助计划项目（2015GGJS-135）以及新乡医学院人文社会科学研究培育基地项目的资助。

本书的顺利出版，得到了中国社会科学出版社的大力支持，在此表示诚挚的谢意。

焦石文

2015年10月于河南新乡